武汉市财政学校课程训练体系丛书

数学（基础模块）课程训练

张　勇　黄　镔◎主编

中国财经出版传媒集团
中国财政经济出版社

图书在版编目（CIP）数据

数学（基础模块）课程训练/张勇，黄镔主编．—北京：中国财政经济出版社，2019.1
（武汉市财政学校课程训练体系丛书）
ISBN 978－7－5095－8797－3

Ⅰ.①数…　Ⅱ.①张…②黄…　Ⅲ.①数学课－中等专业学校－习题集－升学参考资料
Ⅳ.①G634.605

中国版本图书馆 CIP 数据核字(2019)第 013215 号

责任编辑：张　军　　　　责任校对：徐艳丽
封面设计：育林华夏

内容提要

本书是根据教育部颁布的《中等职业学校数学教学大纲》，结合湖北省2018年最新公布的《2019年湖北省普通高等学校招收中职毕业生技能高考文化综合考试大纲》的要求，以高等教育出版社出版的中等职业教育课程改革国家规划新教材《数学（基础模块）》（上、下册）为蓝本，以章节教学目标为依据进行编写的，帮助学生达到数学技能高考考试要求。习题的选编严格遵从大纲的要求，体现“以服务为宗旨，以就业为导向”的职业教育办学方针，遵循培养高素质劳动者的目标，突出重点知识，注重双基训练。

本书内容包括：集合与充要条件、不等式、函数、指数函数与对数函数、三角函数、数列、平面向量、直线和圆的方程、附录。按照教材的章节顺序，以节为单位进行编写。每章前面配有知识结构框图和学习要求，每节练习题分为选择题、填空题和解答题三种题型，还标明了难度系数，每章后面还配备检测题。

本书可供中等职业学校的教师和学生使用。

中国财政经济出版社出版
URL：http：//www.cfeph.cn
E－mail：cfeph@cfeph.cn

社址：北京市海淀区阜成路甲28号　邮政编码：100142
营销中心电话：010－88191537
北京密兴印刷有限公司印刷　各地新华书店经销
787×1092 毫米　16 开　9.75 印张　231 000 字
2019 年 1 月第 1 版　2020 年 7 月北京第 2 次印刷
定价：26.00 元
ISBN 978－7－5095－8797－3
（图书出现印装问题，本社负责调换）
本社质量投诉电话：010－88190744

前言

本书以教育部颁布的《中等职业学校数学教学大纲》（简称大纲）和《2019 年湖北省普通高等学校招收中职毕业生技能高考文化综合考试大纲》（简称考纲）的要求为依据，以高等教育出版社出版的中等职业教育课程改革国家规划新教材《数学（基础模块）》（上、下册）为蓝本，结合中职学生的实际数学水平编写而成。

本书紧扣大纲和考纲的要求，注重中职学生的认知规律，吸收中职数学教学经验；注重概念的理解、知识的直接运用；突出职业特色，注重基础性，弱化推理论证，提升用数学知识解决实际问题的能力。编写内容起点低、坡度缓，既符合大纲和考纲的要求，又能满足各个层次学生的需要。

本书按章节顺序编写，与高等教育出版社出版的中等职业教育课程改革国家规划新教材《数学（基础模块）》（上、下册）同步，以知识点为单位编写，每一个知识点选取了适量习题，还标明了难度系数，以适应不同层次水平的学生练习。每章前面都配有知识结构框图，帮助学生建立整个知识结构体系，在知识结构框图后面还标明了每个知识点的学习要求；每章后面配有一套章节测试题。此外，本书对预备知识部分也编写了相关的配套练习，为学习新知识奠定基础。

本书是由武汉市财政学校的教学一线教师编写，张勇、黄镔担任主编，参加编写的有李远涛、刘国元、胡才能、张则英、贾培、万利芳、史丽华、李艳、张敏、余广、李智萍、王天婵。

用书学校任课老师若需要本书答案，请以电子邮件的形式向中国财政经济出版社索取（请注明：学校、全书名、版次），Email：caijingjiaocai@163.com。

本书在编写中得到了武汉市财政学校领导的关怀与指导以及教务科、各专业教研室大力支持，在此一并表示感谢。

由于编者水平有限，加之编写时间仓促，书中难免有不妥之处，恳请广大读者批评指正。

编者

2018 年 10 月

目 录

第1章

集合与充要条件

知识结构框图

- 集合
  - 元素与集合的概念
    - 元素的性质
      - 确定性
      - 互异性
      - 无序性
    - 集合的分类
      - 有限集
      - 空集
      - 无限集
  - 常用数集
    - 自然数集 N
    - 整数集 Z
    - 正整数集 N^*
    - 有理数集 Q
    - 实数集 R
  - 元素与集合的关系
    - 属于
    - 不属于
  - 集合的表示法
    - 列举法
    - 描述法
    - 韦恩图
  - 集合与集合的关系
    - 子集
    - 真子集
    - 相等
  - 集合的运算
    - 交集
    - 并集
    - 补集
  - 充分、必要条件
    - 充分条件
    - 必要条件
    - 充要条件
    - 既不充分又不必要的条件

知识点及学习要求

知　识　点	学习要求			
	知识要求		操作要求	
	了解	掌握	会	熟练
第 1 章 集合与充要条件				
1.1 集合的概念				
1.1.1 元素和集合		√	√	
1.1.2 元素的性质	√		√	
1.1.3 常用数集		√		√
1.1.4 有限集、无限集和空集	√		√	
1.1.5 集合的表示法		√	√	
1.2 集合之间的关系				
1.2.1 子集	√		√	
1.2.2 真子集		√	√	
1.2.3 集合的相等		√	√	
1.3 集合的运算				
1.3.1 交集		√	√	
1.3.2 并集		√	√	
1.3.3 补集		√	√	
1.4 充要条件				
1.4.1 充分条件	√		√	
1.4.2 必要条件	√		√	
1.4.3 充要条件	√		√	

1.1　集合的概念

1.1.1　元素和集合

★**选择题 1.**（3 分，难度系数 0.75）

下列说法正确的是【　　】.

A. 整数集的元素，都是自然数集的元素　B. 自然数集的元素都是正整数

C. 空集是由实数 0 为元素的集合　D. 实数 2 属于方程 $|x|=2$ 的解集

★**填空题 1.**（2 分，难度系数 0.9）

任意一个偶数________（填“是”或“不是”）整数集的一个元素 .

★**解答题 1.**（6 分，难度系数 0.9）
指出方程 $x-2=0$ 解集的元素．

★**解答题 2.**（6 分，难度系数 0.75）
指出方程 $x^2-x-2=0$ 解集的元素．

1.1.2　元素的性质

★**选择题 1.**（3 分，难度系数 0.9）
下列说法正确的是【　　】．
A. 集合中的元素必需按照顺序书写
B. 实数 0 是空集$\varnothing$的元素
C. 一个元素可以在同一集合中出现两次
D. 正整数集的元素都是自然数集的元素

★**选择题 2.**（3 分，难度系数 0.75）
下列对象的全体可以组成集合的是【　　】．
A. 武汉市著名的风景区
B. 财政学校会计 01 班漂亮的女生
C. 小于 9 的奇数
D. 财政学校金融管理班帅气的男生

★**填空题 1.**（2 分，难度系数 0.9）
财政学校会计 01 班高个子男生__________（填“能”或“不能”）组成集合．

★**填空题 2.**（2 分，难度系数 0.9）
绝对值小于 2 的所有整数__________（填“能”或“不能”）组成集合．

填空题 3.（2 分，难度系数 0.75）
方程 x^2-x-2 的解 __________（填“能”或“不能”）组成集合．

★**解答题 1.**（6 分，难度系数 0.9）
下列对象的全体能否组成集合？
（1）财政学校会计 02 班的团员．

（2）很接近于 0 的数．

（3）不等式 $x-1<0$.

1.1.3　常用数集

★**选择题 1.**（3 分，难度系数 0.9）

下列符号表示有理数集的是【　　】．

A. R　　B. N　　C. Q　　D. Z

★**选择题 2.**（3 分，难度系数 0.9）

下列关系中正确的是【　　】．

A. $0\in N^*$　　B. $0\in\varnothing$　　C. $0.66\notin Q$　　D. $\sqrt{3}\in R$

★**选择题 3.**（3 分，难度系数 0.75）

下列关系中正确的是【　　】．

A. $0\in N^*$　　B. $1\in N^*$　　C. $\pi\in Q$　　D. $\sqrt{2}\notin R$

★**填空题 1.**（2 分，难度系数 0.9）

整数集用大写英文字母表示为__________.

★**填空题 2.**（2 分，难度系数 0.9）

0.5 __________ N.（填“$\in$”或“$\notin$”）

★**填空题 3.**（2 分，难度系数 0.75）

$\frac{2}{3}$__________ Q.（填“$\in$”或“$\notin$”）

★**填空题 4.**（2 分，难度系数 0.9）

$\sqrt{5}$__________ Q.（填“$\in$”或“$\notin$”）

★**填空题 5.**（2 分，难度系数 0.9）

$\sqrt{2}$__________ R.（填“$\in$”或“$\notin$”）

1.1.4 有限集、无限集和空集

★选择题 1.（3 分，难度系数 0.9）

下列集合是有限集的是【　　】.

A. N^*

B. 方程 $x^2-3x+2=0$ 的解集

C. 不大于 9 的偶数

D. 不等式 $x+3>0$ 的解集

选择题 2.（3 分，难度系数 0.75）

下列集合是无限集的是【　　】.

A. 小于 4 的自然数

B. 方程 $x+2=0$ 的解集

C. 方程 $|x|+2=0$ 的解集

D. 不等式 $x-3\leqslant 0$ 的解集

选择题 3.（3 分，难度系数 0.6）

下列关系中正确的是【　　】

A. $0\in\varnothing$　　B. $\varnothing\in\{0\}$　　C. $0\in\{0\}$　　D. $0\in\{\Phi\}$

★填空题 1.（2 分，难度系数 0.9）

元素 a ________ $\varnothing$（填“$\in$”或“$\notin$”）.

★填空题 2.（2 分，难度系数 0.75）

实数 0 ________ $\varnothing$（填“$\in$”或“$\notin$”）.

★填空题 3.（2 分，难度系数 0.75）

大于 2 且小于 6 的实数组成的集合________无限集（填“是”或“不是”）.

解答题 1.（6 分，难度系数 0.75）

判断下列集合是否为空集.

★（1）不等式 $x+5\leqslant 0$ 解集.

（2）方程 $x^2+x+3=0$ 的解集.

1.1.5 集合的表示法

★选择题 1.（3 分，难度系数 0.9）

小于 4 的自然数用列举法表示正确的是【　　】.

A. $\{1,2,3,4\}$　　B. $\{1,2,3\}$　　C. $\{0,1,2,3,4\}$　　D. $\{1,2,3,0\}$

★选择题 2.（3 分，难度系数 0.9）

绝对值等于 5 的整数组成的集合是【　　】.

A. $\{5\}$　　B. 5　　C. $\{-5,5\}$　　D. -5, 5

选择题 3. （3 分，难度系数 0.75）

下列 4 个集合中是空集的为【　　】.

A. $\{x|x-1=0\}$　　B. $\{x|2x<x+1\}$　　C. $\{x|x^2=0\}$　　D. $\{x|x^2+1=0\}$

选择题 4. （3 分，难度系数 0.75）

若集合 $A=\{-2,2\}$，在下列描述法表示集合 A 中，错误的方式是【　　】.

A. $\{x|x^2=4\}$　　B. $\{x||x|=2\}$

C. $\left\{(x,y)\middle|\begin{cases}x+y=0\\x-y=4\end{cases}\right\}$　　D. $\{x|(x+2)(x-2)=0\}$

选择题 5. （3 分，难度系数 0.75）

若集合 $M=\{x|x>5, x\in N\}$，元素 $m=7.5$，则下列关系中正确的是【　　】.

A. $m\in M$　　B. $m\notin M$　　C. $\{m\}\in M$　　D. $\{m\}\notin M$

★**填空题 1.** （2 分，难度系数 0.9）

小于 6 的正整数组成的集合用列举法表示为____________________.

★**填空题 2.** （2 分，难度系数 0.9）

方程 $x^2-9=0$ 的解集用列举法表示为____________________.

★**填空题 3.** （2 分，难度系数 0.75）

大于 2 的奇数组成的集合用列举法表示为____________________.

★**填空题 4.** （2 分，难度系数 0.9）

方程 $x^2-x=0$ 的解集用描述法表示为____________________.

填空题 5. （2 分，难度系数 0.75）

绝对值小于 6 的整数组成的集合用描述法表示为____________________.

填空题 6. （2 分，难度系数 0.6）

所有的偶数组成的集合用描述法表示为____________________.

★**解答题 1.** （6 分，难度系数 0.75）

用列举法表示小于 500 的自然数组成的集合.

★解答题 2. （6 分，难度系数 0.9）
用描述法表示不等式 $2x-3\geqslant 0$ 的解集.

解答题 3. （6 分，难度系数 0.75）
用描述法表示小于 6 的正整数组成的集合.

★解答题 4. （6 分，难度系数 0.9）
选用适当的方法表示大于 -4 且小于 5 的实数组成的集合.

解答题 5. （6 分，难度系数 0.6）
选用适当的方法表示平面直角坐标系内第一象限的点组成的集合.

解答题 6. （6 分，难度系数 0.6）
用列举法表示集合 $A=\{(x, y)\mid x+y=5, x\in N^{*}, y\in N^{*}\}$.

1.2　集合之间的关系

1.2.1　子集

★选择题 1.（3 分，难度系数 0.9）

集合 $A=\{0, 1, 2\}$ 的子集的个数是【　　】.

A. 6　　B. 7　　C. 8　　D. 9

★选择题 2.（3 分，难度系数 0.9）

下列关系中正确的是【　　】.

A. $N \subseteq Q$　　B. $Z \supseteq Q$　　C. $Q \supseteq R$　　D. $R \subseteq Z$

选择题 3.（3 分，难度系数 0.75）

下列命题中正确命题的个数是【　　】.

（1）空集没有子集；

（2）$\varnothing=\{0\}$；

（3）空集是任何一个集合的子集；

（4）任何一个集合必有两个或两个以上的子集.

A. 3　　B. 2　　C. 1　　D. 0

★填空题 1.（2 分，难度系数 0.9）

集合 Z ________ Q（填"$\subseteq$"或"$\supseteq$"）.

★填空题 2.（2 分，难度系数 0.75）

若集合 $A=\{1, 2, m\}$ $B=\{2, 3\}$，且 $A \supseteq B$，则实数 $m=$ ____________.

★解答题 1.（6 分，难度系数 0.75）

写出集合 $A=\{0, 1\}$ 的所有子集.

解答题 2.（6 分，难度系数 0.75）

写出集合 $A=\{a, b, c\}$ 的所有子集.

1.2.2 真子集

★**选择题 1.**（3 分，难度系数 0.9）

集合 $A=\{1,2\}$ 真子集的个数是【　　】.

A. 1　　B. 2　　C. 3　　D. 4

★**选择题 2.**（3 分，难度系数 0.9）

下列关系中正确的是【　　】.

A. $N \subsetneqq R$　　B. $Z \supsetneqq R$　　C. $Q \supsetneqq R$　　D. $Q \subsetneqq Z$

选择题 3.（3 分，难度系数 0.75）

下列关系中正确的是【　　】.

A. $\varnothing \subsetneqq \{0\}$　　B. $\varnothing \in \{0\}$　　C. $\varnothing = \{0\}$　　D. $0 = \{0\}$

★**填空题 1.**（2 分，难度系数 0.9）

设 $A=\{1,2\}$，$B=\{x \mid x-1=0\}$，则 A ____ B（填“$\subsetneqq$”或“$\supsetneqq$”）.

填空题 2.（2 分，难度系数 0.9）

集合 $A=\{a,b,c\}$ 的所有真子集的个数为____________.

填空题 3.（2 分，难度系数 0.75）

$A=\{x \mid 2 \leqslant x \leqslant 7, x \in Z\}$，$B=\{x \mid 2 \leqslant x \leqslant 7\}$，则集合 A ____ B（填“$\subsetneqq$”或“$\supsetneqq$”）.

★**解答题 1.**（6 分，难度系数 0.9）

写出集合 $A=\{a,b\}$ 的所有子集，并指出哪些是真子集.

解答题 2.（6 分，难度系数 0.6）

设 $A=\{(1,2),(2,1)\}$，$B=\{(x,y) \mid x+y=3\}$，指出 A 和 B 的关系.

1.2.3 集合的相等

★**选择题 1.**（3 分，难度系数 0.9）

若集合 $A=\{1,-1\}$，$B=\{x \mid x^2=1\}$，则 A 和 B 的关系是【　　】.

A. $A \subsetneqq B$　　B. $A \supsetneqq B$　　C. $A=B$　　D. $A \in B$

★**选择题 2.**（3 分，难度系数 0.9）

若集合 $A=\{0, 1, 2, 3, \cdots\}$，$B=N$，则 A 和 B 的关系是【　　】.

A. $A\subsetneqq B$　　B. $A\supsetneqq B$　　C. $A=B$　　D. $A\in B$

选择题 3.（3 分，难度系数 0.75）

集合 $A=\{0, m\}$，$B=\{x|x^2-x=0\}$，若 $A=B$，则 m 的值为【　　】.

A. 0　　B. 1　　C. -1　　D. 1 或 -1

★**填空题 1.**（2 分，难度系数 0.9）

设集合 $A=\{1\}$，$B=\{x|x-1=0\}$，则 A ____ B（填“$\subsetneqq$”或“$\supsetneqq$”或“$=$”）.

★**填空题 2.**（2 分，难度系数 0.75）

设集合 $A=\{x|x^2+1=0\}$，则 $\varnothing$ ______ A（填“$\subsetneqq$”或“$\supsetneqq$”或“$=$”）.

填空题 3.（2 分，难度系数 0.6）

$A=\{x|0\leqslant x\leqslant 5, x\in Z\}$，$B=\{x|0\leqslant x\leqslant 5\}$，则集合 A ____ B（填“$\subsetneqq$”或“$\supsetneqq$”或“$=$”）.

解答题 1.（6 分，难度系数 0.75）

设集合 $A=\{x|x^2=4\}$，$B=\{x||x|=2\}$，指出 A 和 B 的关系.

解答题 2.（6 分，难度系数 0.6）

设集合 $A=\{1, |x|\}$，$B=\{2, y\}$，且 $A=B$，求 x，y 的值.

1.3　集合的运算

1.3.1　交集

★**选择题 1.**（3 分，难度系数 0.9）

设集合 $A=\{0, 1, 2, 3, 4\}$，$B=\{1, 2, 3, 5\}$，则 $A\cap B=$【　　】.

A. $\{1,2,3\}$　　B. $\{0,1,2,3,4\}$　　C. $\{1,2,3,5\}$　　D. $\{0,1,2,3,4,5\}$

★**选择题 2.**（3 分，难度系数 0.9）

数集 $Z\cap Q=$【　　】.

A. R　　B. N　　C. Q　　D. Z

★选择题 3.（3 分，难度系数 0.75）

设集合 $A=\{奇数\}$，$B=\{偶数\}$，则 $A\cap B=$【　　】.

A. {奇数}　　B. {偶数}　　C. $\varnothing$　　D. Z

选择题 4.（3 分，难度系数 0.6）

设集合 $A=\{x\mid x>0\}$，$B=\{x\mid x\geqslant 2\}$ 则 $A\cap B=$【　　】.

A. $\{x\mid x>0\}$　　B. $\{x\mid x\geqslant 2\}$

C. $\varnothing$　　D. $\{x\mid 0\leqslant x<2\}$

选择题 5.（3 分，难度系数 0.6）

设集合 $A=\{x\mid -1\leqslant x<3\}$，$B=\{x\mid 0\leqslant x\leqslant 5\}$，则 $A\cap B=$【　　】.

A. $\{x\mid -1\leqslant x\leqslant 5\}$　　B. $\{x\mid 0\leqslant x<3\}$

C. $\varnothing$　　D. $\{x\mid 3<x\leqslant 5\}$

★填空题 1.（2 分，难度系数 0.9）

$N\cap N^{*}=$ ________.

★填空题 2.（2 分，难度系数 0.9）

设集合 $A=\{1, 2, 4\}$，$B=\{1, 3, 5\}$，则 $A\cap B=$ ____________.

填空题 3.（2 分，难度系数 0.75）

设集合 $A=\{x\mid 2x-1=1\}$，$B=\{x\mid x^2=1\}$ 则 $A\cap B=$ __________.

填空题 4.（2 分，难度系数 0.6）

设集合 $A=\{x\mid x<5\}$，$B=\{x\mid x\leqslant 2\}$ 则 $A\cap B=$ ______________.

填空题 5.（2 分，难度系数 0.6）

设集合 $A=\{x\mid -1<x\leqslant 6\}$，$B=\{x\mid 0\leqslant x<4\}$ 则 $A\cap B=$ ________.

★解答题 1.（6 分，难度系数 0.9）

设集合 $A=\{1, 2, 4, 5, 6, 8\}$，$B=\{1, 3, 5, 7, 8, 9\}$，求 $A\cap B$.

解答题 2.（6 分，难度系数 0.75）

设集合 $A=\{x\mid x<5, x\in N\}$，$B=\{x\mid -2<x\leqslant 2\}$，求 $A\cap B$.

解答题 3. （6 分，难度系数 0.75）

设集合 $A=\{x\mid -1<x<5\}$，$B=\{x\mid 0\leqslant x\leqslant 8\}$，求 $A\cap B$.

解答题 4. （6 分，难度系数 0.6）

设集合 $A=\{x\mid x^2-3x+m=0\}$，$B=\{x\mid x^2+nx-2=0\}$，且 $A\cap B=\{2\}$，求 m，n 的值.

解答题 5. （6 分，难度系数 0.6）

设集合 $A=\{(x,y)\mid x-y=1\}$，$B=\{(x,y)\mid x+y=3\}$，求 $A\cap B$.

1.3.2 并集

★**选择题 1.** （3 分，难度系数 0.9）

设集合 $A=\{0,1,2,3,4\}$，$B=\{1,2,3,5\}$，则 $A\cup B$ =【　　】.

A. $\{1,2,3\}$　　B. $\{0,1,2,3,4\}$　　C. $\{1,2,3,5\}$　　D. $\{0,1,2,3,4,5\}$

★**选择题 2.** （3 分，难度系数 0.9）

数集 $N\cup Q$ =【　　】.

A. R　　B. N　　C. Q　　D. Z

★**选择题 3.** （3 分，难度系数 0.75）

设集合 $A=\{$奇数$\}$，$B=\{$偶数$\}$，则 $A\cup B$ =【　　】.

A. $\{$奇数$\}$　　B. $\{$偶数$\}$　　C. $\varnothing$　　D. Z

选择题 4. （3 分，难度系数 0.6）

设集合 $A=\{x\mid x>0\}$，$B=\{x\mid x\geqslant 2\}$，则 $A\cup B$ =【　　】.

A. $\{x\mid x>0\}$　　B. $\{x\mid x\geqslant 2\}$　　C. $\varnothing$　　D. $\{x\mid 0\leqslant x<2\}$

选择题 5. （3 分，难度系数 0.6）

设集合 $A=\{x\mid -1\leqslant x<3\}$，$B=\{x\mid 0\leqslant x\leqslant 5\}$ 则 $A\cup B=$【　　】.

A. $\{x\mid -1\leqslant x\leqslant 5\}$　　B. $\{x\mid 0\leqslant x<3\}$

C. $\varnothing$　　D. $\{x\mid 3<x\leqslant 5\}$

★填空题 1. （2 分，难度系数 0.9）

$N\cup N^{*}=$ ________ .

★填空题 2. （2 分，难度系数 0.9）

集合 $A=\{1,2,4\}$，$B=\{1,3,5\}$，则 $A\cup B=$ ____________ .

填空题 3. （2 分，难度系数 0.75）

设集合 $A=\{x\mid 2x-1=1\}$，$B=\{x\mid x^2=1\}$ 则 $A\cup B=$ __________ .

填空题 4. （2 分，难度系数 0.6）

设集合 $A=\{x\mid x<5\}$，$B=\{x\mid x\leqslant 2\}$ 则 $A\cup B=$ ______________.

填空题 5. （2 分，难度系数 0.6）

设集合 $A=\{x\mid -1<x\leqslant 6\}$，$B=\{x\mid 0\leqslant x<4\}$ 则 $A\cup B=$ ______________.

★解答题 1. （6 分，难度系数 0.9）

设集合 $A=\{1,2,4,5,6,8\}$，$B=\{1,3,5,7,8,9\}$，求 $A\cup B$.

解答题 2. （6 分，难度系数 0.75）

设集合 $A=\{x\mid x<5,\ x\in N\}$，$B=\{x\mid -2<x\leqslant 2,\ x\in Z\}$，求 $A\cup B$.

解答题 3.（6 分，难度系数 0.75）

设集合 $A=\{x|-1<x<5\}$，$B=\{x|0\leqslant x\leqslant 8\}$，求 $A\cup B$.

解答题 4.（6 分，难度系数 0.6）

设集合 $A=\{x|x^2-3x+m=0\}$，$B=\{x|x^2+nx-2=0\}$，且 $A\cap B=\{2\}$，求 $A\cup B$.

解答题 5.（6 分，难度系数 0.6）

设集合 $A=\{1, 2\}$，$B=\{x|x^2+px+q=0\}$，且 $A\cup B=B$，求实数 p，q 的值.

1.3.3 补集

★选择题 1.（3 分，难度系数 0.9）

设全集 $U=\{0, 1, 2, 3, 4, 5, 6, 7, 8\}$，$A=\{0, 1, 2, 3, 4\}$，则 $\complement_U A=$【　　】.

A. $\{0, 1, 2, 3, 4\}$　　B. $\{0, 1, 2, 3, 4, 5\}$

C. $\{5, 6, 7, 8\}$　　D. $\{1, 2, 3, 4, 5, 6, 7, 8\}$

★选择题 2.（3 分，难度系数 0.9）

设全集 $U=Z$，$A=\{$奇数$\}$，则 $\complement_U A=$【　　】.

A. Z　　B. {奇数}　　C. {偶数}　　D. $\varnothing$

★选择题 3.（3 分，难度系数 0.75）

设全集 $U=R$，$A=\{x|x\geqslant 3\}$，则 $\complement A=$【　　】.

A. $\{x|x\geqslant 3\}$　　B. $\{x|x>3\}$　　C. $\{x|x\leqslant 3\}$　　D. $\{x|x<3\}$

选择题 4.（3 分，难度系数 0.6）

设全集 $U=R$，$A=\{x|0\leqslant x<3\}$，则$\complement A=$【　　】.

A. $\{x|x\geqslant 3\}$　　　　B. $\{x|x<0\}$

C. $\{x|0\leqslant x<3\}$　　　　D. $\{x|x<0$ 或 $x\geqslant 3\}$

★填空题 1.（2 分，难度系数 0.9）

设全集 $U=\{0, 1, 2, 3, 4, 5, 6\}$，$A=\{0, 2, 4, 6\}$，则$\complement_U A=$________________.

填空题 2.（2 分，难度系数 0.75）

设全集 $U=R$，$A=Q$，则$\complement A=$________________.

★填空题 3.（2 分，难度系数 0.75）

设全集 $U=R$，$A=\{x|x<3\}$，则$\complement A=$________________.

填空题 4.（2 分，难度系数 0.75）

设全集 $U=\{x|x\leqslant 8, x\in N^*\}$，$A=\{1, 3, 5, 7\}$，则$\complement_U A=$________________.

★解答题 1.（6 分，难度系数 0.75）

设全集 $U=\{0, 1, 2, 3, 4, 5, 6, 7, 8, 9\}$，$A=\{0, 2, 4, 6, 7, 9\}$，$B=\{1, 2, 5, 6, 8, 9\}$，求：$\complement_U A$，$\complement_U B$，$\complement_U A\cap\complement_U B$，$\complement_U A\cup\complement_U B$.

解答题 2.（6 分，难度系数 0.75）

设全集 $U=\{1, 2, a^2-2a\}$，$A=\{1, b\}$，$\complement_U A=\{3\}$，求实数 a，b 的值.

解答题 3.（6 分，难度系数 0.6）

设全集 $U=R$，集合 $A=\{x|x<5\}$，集合 $B=\{x|x\geqslant -2\}$，求：$\complement A$，$\complement B$，$\complement A\cap\complement B$，$\complement A\cup\complement B$.

1.4 充要条件

1.4.1 充分条件

★选择题 1.（3 分，难度系数 0.75）

“$x\in N$” 是 “$x\in Z$” 的【　　】.

A. 充分条件　　B. 必要条件　　C. 充要条件　　D. 无关条件

★选择题 2.（3 分，难度系数 0.9）

“$x=1$” 是 “$x^2=1$” 的【　　】.

A. 必要条件　　B. 充分条件　　C. 充要条件　　D. 无关条件

★填空题 1.（2 分，难度系数 0.9）

“$x<2$” ________ “$x<4$”.（填 “$\Rightarrow$” 或 “$\Leftarrow$”）

★填空题 2.（2 分，难度系数 0.9）

“$x-2=0$” ________ “$(x-1)(x-2)=0$”.（填 “$\Rightarrow$” 或 “$\Leftarrow$”）

填空题 3.（2 分，难度系数 0.75）

“$x\in A\cap B$” ________ “$x\in A$”.（填 “$\Rightarrow$” 或 “$\Leftarrow$”）

1.4.2 必要条件

★选择题 1.（3 分，难度系数 0.75）

“$x\in Q$” 是 “$x\in Z$” 的【　　】.

A. 充分条件　　B. 必要条件　　C. 充要条件　　D. 无关条件

★选择题 2.（3 分，难度系数 0.9）

“$(x+1)(x-2)=0$” 是 “$x=2$” 的【　　】.

A. 必要条件　　B. 充分条件　　C. 充要条件　　D. 无关条件

★填空题 1.（2 分，难度系数 0.9）

“$x>0$” ________ “$x>3$”.（填 “$\Rightarrow$” 或 “$\Leftarrow$”）

★填空题 2.（2 分，难度系数 0.9）

“$|x|=3$” ________ “$x=3$”.（填 “$\Rightarrow$” 或 “$\Leftarrow$”）

填空题 3.（2 分，难度系数 0.75）

“$x\in A\cup B$” ________ “$x\in A$”.（填 “$\Rightarrow$” 或 “$\Leftarrow$”）

1.4.3　充要条件

★选择题 1.（3 分，难度系数 0.9）

“$x=0$” 是 “$x^2=0$” 的【　　】.

A. 充分条件　　B. 必要条件　　C. 充要条件　　D. 无关条件

★选择题 2.（3 分，难度系数 0.9）

“三角形的三个内角相等” 是 “三角形为正三角形” 的【　　】.

A. 必要条件　　B. 充分条件　　C. 充要条件　　D. 无关条件

★填空题 1.（2 分，难度系数 0.9）

“$x^2=1$” ________ “$|x|=1$”.（填 “$\Rightarrow$” 或 “$\Leftarrow$” 或 “$\Leftrightarrow$”）.

填空题 2.（2 分，难度系数 0.75）

“$a=0$ 且 $b=0$” ________ “$a^2+b^2=0$”.（填 “$\Rightarrow$” 或 “$\Leftarrow$” 或 “$\Leftrightarrow$”）.

填空题 3.（2 分，难度系数 0.75）

“$A\subseteq B$” ________ “$A\cap B=A$”.（填 “$\Rightarrow$” 或 “$\Leftarrow$” 或 “$\Leftrightarrow$”）.

★解答题 1.（6 分，难度系数 0.9）

指出 p 是 q 的什么条件？

p：x 是有理数，q：x 是实数.

★解答题 2.（6 分，难度系数 0.9）

指出 p 是 q 的什么条件？

p：$|x|=3$，q：$x^2=9$.

解答题 3.（6 分，难度系数 0.75）

指出 p 是 q 的什么条件？

p：x 是 4 的倍数，q：x 是偶数.

解答题 4.（6 分，难度系数 0.75）

指出 p 是 q 的什么条件？

p：$|x|>3$，q：$x>3$.

解答题 5.（6 分，难度系数 0.75）

指出 p 是 q 的什么条件？

p：ΔABC 中 $\angle C=90°$，　q：$c^2=a^2+b^2$.

解答题 6.（6 分，难度系数 0.6）

指出 p 是 q 的什么条件？

p：一元二次方程 $ax^2+bx+c=0$（$a\neq 0$）有一个正根和一个负根，q：$ac<0$.

第1章集合与充要条件检测试卷

一．单项选择题（本大题共8小题，每小题3分，共24分）

（在每小题给出的四个备选项中，只有一项是符合题目要求的，请将其代码填写在题后的括号内，未选、错选或多选均不得分．）

1．下列对象的全体可以组成集合的是【　　】．

A．武汉市著名的风景区　　B．财政学校会计01班漂亮的女生

C．小于9的正奇数　　D．财政学校金融管理班帅气的男生

2．下列关系中错误的是【　　】．

A．$0\in\{0\}$　　B．$\Phi\subseteq\{0\}$　　C．$\Phi\in\{0\}$　　D．$\Phi\subsetneqq\{0\}$

3．数集 $Z\cap Q=$【　　】．

A．R　　B．N　　C．Q　　D．Z

4．若集合 $A=\{-2,2\}$，在下列描述法表示集合 A 中，错误的方式是【　　】．

A．$\{x|x^2=4\}$　　B．$\{x||x|=2\}$

C．$\left\{(x,y)\middle|\begin{cases}x+y=0\\x-y=-4\end{cases}\right\}$　　D．$\{x|(x+2)(x-2)=0\}$

5．下列4个集合中是空集的为【　　】．

A．$\{x|x-1=0\}$　　B．$\{x|2x<x+1\}$　　C．$\{x|x^2=0\}$　　D．$\{x|x^2+1=0\}$

6．设集合 $A=\{$奇数$\}$，$B=\{$偶数$\}$，则 $A\cap B=$【　　】．

A．{奇数}　　B．{偶数}　　C．$\varnothing$　　D．Z

7．若集合 $M=\{x|2\leqslant x\leqslant 8\}$，$N=\{x|2<x<9,x\in Z\}$，则 M 与 N 的关系是【　　】．

A．$M\subsetneqq N.$　　B．$N\subsetneqq M$　　C．$M=N$　　D．$M\in N$

8．设 p：“$x=3$”，q：“$(x-3)(x-4)=0$”，则 p 是 q 的【　　】．

A．充分条件　　B．必要条件　　C．充要条件　　D．无关条件

二、填空题（本大题共8小题，每小题5分，共40分）（把答案填在横线上）

9．绝对值小于4的整数用集合表示________________．

10．平面直角坐标系内第二象限的点组成的集合为________________．

11．集合{4，7}的所有的真子集为________________．

12．集合 $A=\{x|0\leqslant x\leqslant 7,x\in Z\}$，$B=\{x|0\leqslant x\leqslant 7\}$，则集合 A ____ B（填“$\subsetneqq$”或“$\supsetneqq$”或“=”）．

13．设集合 $A=\{x|x<5\}$，$B=\{x|x\leqslant 2\}$ 则 $A\cap B=$ ________________．

14．设全集 $U=R$，$A=\{x|x<0\}$，则 $\complement A=$ ________________．

15. 设集合 $A=\{x|x<5\}$，$B=\{x|x\leqslant 2\}$ 则 $A\cup B$ = ________________.

16. "$|x|=3$"是"$x=3$"的________条件.

三、解答题（本大题共3小题，每小题12分，共36分）（应写出文字说明、证明过程或演算步骤）

17.（本小题满分12分）设全集 $U=\{a|a\leqslant 9,a\in N\}$，$A=\{0,1,6,7,8\}$，$B=\{2,4,6,7,9\}$，求：

（1）$A\cup B$，$A\cap B$.（4分）；

（2）$\complement_U A$，$\complement_U B$.（4分）

（3）$\complement_U A\cap B$.（4分）

18.（本小题满分12分）设全集 $U=\{1,2,a^2-2a\}$，$A=\{1,b\}$，$\complement_U A=\{3\}$，求实数 a，b 的值.

19.（本小题满分12分）学校会计电算化专业参加国家计算机二级和英语三级等级考试，参加人数为90人，其中，计算机考试合格的为61人，英语考试合格的为45人，两科考试都合格的为38人，问：

（1）计算机或英语合格的人数是多少？（6分）

（2）计算机、英语两科考试都不合格的人数是多少？（6分）

第2章

不等式

知识结构框图

- 不等式
  - 三个等价关系→作差比较法
  - 性质
    - 传递性
    - 加法
    - 乘法
  - 区间
    - 有限区间
      - 与数集的关系
      - 表示
    - 无限区间
      - 与数集的关系
      - 表示
    - 一元一次不等式
      - 形式
      - 解法步骤
        - 1. 一次函数图像
        - 2. 一元一次方程的解
        - 3. 一元一次不等式解集
    - 一元二次不等式
      - 形式
      - 解法
        - 转化为一元一次不等式组解
        - 利用二次函数图像解法步骤
          - 1. 二次函数图像
          - 2. 一元二次方程的解
          - 3. 一元二次不等式解集
    - 含绝对值的不等式
      - $|x|<a \Leftrightarrow -a<x<a$；$|x|>a \Leftrightarrow x<-a$ 或 $x>a$（其中 $a>0$）
      - $|ax+b|<c \Leftrightarrow -c<ax+b<c$；$|ax+b|>c \Leftrightarrow ax+b<-c$ 或 $ax+b>c$（其中 $c>0$）

知识点及学习要求

知识点	学习要求			
	知识要求		操作要求	
	了解	掌握	会	熟练
第 2 章 不等式				
2.1 不等式的基本性质				
2.1.1 不等式可加性、可减性		√		√
2.1.2 不等式可乘性、可除性		√		√
2.1.3 应用性质解一元一次不等式		√		√
2.2 区间				
2.2.1 区间与集合的关系	√		√	
2.2.2 有限区间	√		√	
2.2.3 无限区间	√		√	
2.2.4 开、闭区间的写法		√	√	
2.3 一元二次不等式				
2.3.1 一元一次不等式的解法		√	√	
2.3.2 一元一次不等式组的解法		√	√	
2.3.3 一元二次不等式的定义	√			
2.3.4 一元二次不等式（已分解）的解法		√		√
2.3.5 一元二次不等式（未分解）的解法	√		√	
2.4 含绝对值的不等式				
2.4.1 解不等式 $\|x\|<a$ $(a>0)$		√	√	
2.4.2 解不等式 $\|x\|>a$ $(a>0)$		√	√	
2.4.3 解不等式 $\|ax+b\|<c$ $(c>0)$		√	√	
2.4.4 解不等式 $\|ax+b\|>c$ $(c>0)$		√	√	

2.1 不等式的基本性质

2.1.1 不等式可加性、可减性

★选择题 1.（3 分，难度系数 0.9）

若 $a>b$，则 $a-b$ 是【　　】.

A. 大于 0　　B. 小于 0　　C. 大于或等于 0　　D. 小于或等于 0

★选择题 2.（3 分，难度系数 0.9）

若 $m-n<0$，则 m 与 n 的关系是【　　】.

A. $m>n$　　B. $m<n$　　C. $m\geqslant n$　　D. $m\leqslant n$

★**填空题 1.**（2 分，难度系数 0.75）

若 $a>b$，则 $a+3$ ________ $b+3$（填“>”或“<”）.

填空题 2.（2 分，难度系数 0.75）

比较两式的大小：x^2+2x ____ $2x-9$（$x\in R$）（填“>”或“<”）.

2.1.2 不等式可乘性、可除性

★**选择题 1.**（3 分，难度系数 0.9）

若 $a>b$，则 $\frac{1}{2}a$ 与 $\frac{1}{2}b$ 的关系是【　　】.

A. $\frac{1}{2}a=\frac{1}{2}b$　　B. $\frac{1}{2}a<\frac{1}{2}b$　　C. $\frac{1}{2}a\leqslant\frac{1}{2}b$　　D. $\frac{1}{2}a>\frac{1}{2}b$

★**选择题 2.**（3 分，难度系数 0.75）

若 $a>b$，则 $2a+1$ 与 $2b+1$ 的关系是【　　】.

A. $2a+1<2b+1$　　B. $2a+1\leqslant 2b+1$　　C. $2a+1>2b+1$　　D. $2a+1\geqslant 2b+1$

★**填空题 1.**（2 分，难度系数 0.9）

设 $x>y$，则 $3x$ ________ $3y$（填“>”或“<”）.

填空题 2.（2 分，难度系数 0.75）

设 $x>y$，则 $-\frac{x}{3}$ ________ $-\frac{y}{3}$（填“>”或“<”）.

2.1.3 应用性质解一元一次不等式

★**选择题 1.**（3 分，难度系数 0.9）

设 $x-2<5$，则其解集是【　　】.

A. $\{x|x<7\}$　　B. $\{x|x>7\}$　　C. $\{x|x<5\}$　　D. $\{x|x>2\}$

★**选择题 2.**（3 分，难度系数 0.9）

设 $x-7>4$，则其解集是【　　】.

A. R　　B. $\{x|x>11\}$　　C. $\{x|x<4\}$　　D. $\{x|x>7\}$

★**填空题 1.**（2 分，难度系数 0.9）

设 $x+1>6$，则 $x>$ ________ .

★**填空题 2.**（2 分，难度系数 0.75）

设 $2x-1<7$，则 $x<$ ________ .

解答题 1. （6 分，难度系数 0.6）

解不等式：$-2x+3<6$

2.2 区间

2.2.1 区间与集合的关系

★**选择题 1.** （3 分，难度系数 0.9）

集合 $A=\{x|3<x<7\}$ 用区间表示为【 】.

A. $[3, 7]$ B. $(3, 7]$ C. $[3, 7)$ D. $(3, 7)$

★**选择题 2.** （3 分，难度系数 0.75）

集合 $A=\{x|3\leqslant x<10\}$ 用区间表示为【 】.

A. $[3, 10]$ B. $(3, 10]$ C. $[3, 10)$ D. $(3, 10)$

★**填空题 1.** （2 分，难度系数 0.75）

集合 $A=\{x|-1<x\leqslant 4\}$ 用区间表示为________.

填空题 2. （2 分，难度系数 0.75）

将区间$(-5, 6)$用描述法表示为集合是____________.

2.2.2 有限区间

选择题 1. （3 分，难度系数 0.9）

★集合 $A=\{x|-3<x<0\}$ 用区间表示为【 】.

A. $[-3, 0]$ B. $(-3, 0)$ C. $[-3, 0)$ D. $(3, 0]$

★**选择题 2.** （3 分，难度系数 0.75）

区间$(-2, 3)$所表示集合是【 】.

A. $\{-2, 3\}$ B. $\{(-2, 3)\}$ C. $\{x|-2<x<3\}$ D. $\{x|-2\leqslant x\leqslant 3\}$

★**填空题 1.** （2 分，难度系数 0.75）

集合 $A=\{x|-3\leqslant x\leqslant 10\}$ 用区间表示为________.

填空题 2. （2 分，难度系数 0.6）

若集合 $A=(-3, 6)$，$B=(0, 8)$，则 $A\cap B=$__________.

填空题 3. （2 分，难度系数 0.6）

若集合 $A=[1,3]$，$B=[2,7]$，则 $A\cup B=$ ________ .

2.2.3 无限区间

★**选择题 1.** （3 分，难度系数 0.9）

集合 $A=\{x|x<7\}$ 用区间表示为【　　】.

A. $[0,7]$　　B. $(-\infty,7]$　　C. $[-\infty,7)$　　D. $(-\infty,7)$

★**选择题 2.** （3 分，难度系数 0.9）

集合 $A=\{x|x>8\}$ 用区间表示为【　　】.

A. $[0,8]$　　B. $(-\infty,8]$　　C. $(8,+\infty)$　　D. $[8,+\infty)$

★**填空题 1.** （2 分，难度系数 0.9）

集合 $A=\{x|x\leqslant -6\}$ 用区间表示为________.

★**填空题 2.** （2 分，难度系数 0.75）

集合 $A=\{x|3x>9\}$ 用区间表示为________ .

填空题 3. （2 分，难度系数 0.6）

若集合 $A=(-\infty,2)$，$B=(0,+\infty)$，则 $A\cap B=$ ________ .

解答题 1. （6 分，难度系数 0.6）

已知全集 $U=R$，集合 $A=(3,+\infty)$，求集合 $\complement A$.

2.2.4 开、闭区间的写法

★**选择题 1.** （3 分，难度系数 0.9）

集合 $A=\{x|0\leqslant x<5\}$ 用区间表示为【　　】.

A. $[0,5)$　　B. $(-\infty,5]$　　C. $[0,5]$　　D. $(-\infty,5)$

★**选择题 2.** （3 分，难度系数 0.9）

集合 $A=\{x|x>-2\}$ 用区间表示为【　　】.

A. $[-2,0]$　　B. $(-2,+\infty)$　　C. $(-\infty,-2]$　　D. $[-2,+\infty)$

填空题 1. （2 分，难度系数 0.75）

已知集合 $A=[-1,5)$，$B=(-4,2]$，则集合 $A\cap B=$________.

填空题 2. （2 分，难度系数 0.75）

设全集为 R，集合 $B=[0,+\infty)$，则 $\complement B=$__________.

填空题 3. （2 分，难度系数 0.6）

若集合 $A=(-\infty,2)$，$B=(0,+\infty)$，则 $A\cap B=$__________.

解答题 1. （6 分，难度系数 0.6）

若集合 $A=(-3,+\infty)$，$B=(-\infty,5]$，求集合 $A\cap B$，$A\cup B$.

2.3 一元二次不等式

2.3.1 一元一次不等式的解法

★**选择题 1.** （3 分，难度系数 0.9）

不等式 $3x<9$ 的解集是【　　】.

A. $[-3,3)$　　B. $(-\infty,3)$　　C. $[-3,+\infty)$　　D. $(-\infty,9]$

选择题 2. （3 分，难度系数 0.75）

不等式 $2x-3<x-2$ 的解集是【　　】.

A. $[-1,1)$　　B. $(-\infty,1]$　　C. $[-1,+\infty)$　　D. $(-\infty,1)$

选择题 3. （3 分，难度系数 0.75）

不等式 $-5x<10$ 的解集是【　　】.

A. $[-2,1)$　　B. $(-2,+\infty)$　　C. $[-2,2)$　　D. $(-\infty,5)$

★**填空题 1.** （2 分，难度系数 0.75）

不等式 $2(x-1)<8$ 的解集是____________.

填空题 2. （2 分，难度系数 0.6）

不等式$\frac{x-1}{2}\geqslant 3(1+x)$ 的解集是______________.

2.3.2 一元一次不等式组的解法

★选择题 1. （3 分，难度系数 0.9）

不等式组$\begin{cases} x<0 \\ x<-3 \end{cases}$ 的解集是【　　】.

A. $[-3, 3)$　　B. $(-\infty, -3)$　　C. $[-3, +\infty)$　　D. $(-\infty, 0]$

★选择题 2. （3 分，难度系数 0.9）

不等式$\begin{cases} x>1 \\ x>6 \end{cases}$的解集是【　　】.

A. $[-2, 6)$　　B. $(6, +\infty)$　　C. $[1, 6)$　　D. $(-\infty, 1)$

选择题 3. （3 分，难度系数 0.9）

不等式组$\begin{cases} x>-2 \\ x<5 \end{cases}$ 的解集是【　　】.

A. $[-2, 5)$　　B. $(-\infty, 5]$　　C. $(-2, 5)$　　D. $(-2, +\infty)$

填空题 1. （2 分，难度系数 0.75）

不等式组$\begin{cases} 2x<6 \\ x\geqslant -1 \end{cases}$ 的解集是____________.

填空题 2. （2 分，难度系数 0.75）

不等式组$\begin{cases} 5x>15 \\ 2x\geqslant 8 \end{cases}$ 的解集是______________.

2.3.3 一元二次不等式的定义

选择题 1. （3 分，难度系数 0.9）

二次函数 $y=x^2-1$ 的顶点坐标是【　　】.

A. $(1, -1)$　　B. $(-1, -1)$

C. $(-1, 0)$　　D. $(0, -1)$

★选择题 2. （3 分，难度系数 0.9）

下列不等式为一元二次不等式的是【　　】.

A. $x^2-4x-3<0$　　B. $x>9$　　C. $2(x-1)<8$　　D. $\begin{cases} x>-2 \\ x>8 \end{cases}$

★填空题 1.（2 分，难度系数 0.9）

二次函数 $y=2(x-1)^2+5$ 的开口方向是____________.

填空题 2.（2 分，难度系数 0.75）

二次函数 $y=x^2-9$ 与 x 轴的交点是________.

2.3.4 一元二次不等式（已分解）的解法

★选择题 1.（3 分，难度系数 0.9）

一元二次方程 $(x-1)(x-3)=0$ 的两个根是【　　】.

A. 1, 3　　B. 1, −3　　C. −1, 3　　D. −1, −3

★选择题 2.（3 分，难度系数 0.9）

一元二次不等式 $(x+1)(x-1)<0$ 的解集是【　　】.

A. $(-1, 0)$　　B. $(-1, 1)$

C. $(-\infty, -1)\cup(1, +\infty)$　　D. $(-\infty, 0)\cup(1, +\infty)$

★选择题 3.（3 分，难度系数 0.9）

一元二次不等式 $(x+1)(x-2)>0$ 的解集是【　　】.

A. $(-1, 2)$　　B. $(-2, 1)$

C. $(-\infty, -1)\cup(2, +\infty)$　　D. $(-\infty, -2)\cup(1, +\infty)$

★填空题 1.（2 分，难度系数 0.9）

一元二次不等式 $x(x-1)<0$ 的解集是____________.

★填空题 2.（2 分，难度系数 0.75）

一元二次不等式 $(x+3)(x-2)\geqslant 0$ 的解集是________.

2.3.5 一元二次不等式（未分解）的解法

选择题 1.（3 分，难度系数 0.75）

一元二次不等式 $x^2-16<0$ 的解集是【　　】.

A. $(-4, 4)$　　B. ϕ

C. $(-\infty, -4)\cup(4, +\infty)$　　D. $(-\infty, -1)\cup(4, +\infty)$

选择题 2.（3 分，难度系数 0.75）

一元二次不等式 $x^2-5x-6<0$ 的解集是【　　】.

A. $(-2, 3)$　　B. $(-1, 6)$

C. $(-\infty, -2)\cup(3, +\infty)$　　D. $(-\infty, -1)\cup(6, +\infty)$

★**填空题 1.**（2 分，难度系数 0.9）
一元二次不等式 $x^2-2x<0$ 的解集是____________.

填空题 2.（2 分，难度系数 0.75）
一元二次不等式 $x^2-3x-10\geqslant 0$ 的解集是__________.

★**解答题 1.**（6 分，难度系数 0.75）
解不等式：$x^2-3x+2<0$.

解答题 2.（6 分，难度系数 0.6）
解不等式：$2x^2+x-10\geqslant 0$.

2.4 含绝对值的不等式

2.4.1 解不等式 $|x|<a$ $(a>0)$

★**选择题 1.**（3 分，难度系数 0.9）
不等式 $|x|<2$ 的解集是【 】.

A. $(-2, 2)$
B. $[-2, 2]$
C. $(-\infty, -2)\cup(2, +\infty)$
D. $(-\infty, 2)\cup(4, +\infty)$

★**选择题 2.**（3 分，难度系数 0.75）
不等式 $|x|\leqslant 5$ 的解集是【 】.

A. $(-5, 5)$
B. $[-5, 5]$
C. $(-\infty, 0)\cup(5, +\infty)$
D. $(-\infty, -5)\cup(5, +\infty)$

★**填空题 1.**（2 分，难度系数 0.9）
不等式 $|x|<21$ 的解集是____________.

★**填空题 2.** （2 分，难度系数 0.75）

不等式 $3|x|\leqslant 9$ 的解集是____________.

2.4.2　解不等式 $|x|>a$　$(a>0)$

★**选择题 1.** （3 分，难度系数 0.9）

不等式 $|x|>3$ 的解集是【　　】.

A. $(-3,3)$　　B. $[-3,3]$

C. $(-\infty,-3)\cup(3,+\infty)$　　D. $(-\infty,0)\cup(3,+\infty)$

★**选择题 2.** （3 分，难度系数 0.75）

不等式 $|x|\geqslant 6$ 的解集是【　　】.

A. $(-6,6)$　　B. $[-6,6]$

C. $(-\infty,0)\cup(6,+\infty)$　　D. $(-\infty,-6]\cup[6,+\infty)$

填空题 1. （2 分，难度系数 0.9）

不等式 $|x|\geqslant 4$ 的解集是____________.

填空题 2. （2 分，难度系数 0.75）

不等式 $|x|-1\geqslant 8$ 的解集是____________.

2.4.3　解不等式 $|ax+b|<c$　$(c>0)$

选择题 1. （3 分，难度系数 0.75）

不等式 $|x-1|<3$ 的解集是【　　】.

A. $(-3,3)$　　B. $(-2,4)$

C. $(-\infty,-1)\cup(3,+\infty)$　　D. $(-\infty,-3)\cup(3,+\infty)$

选择题 2. （3 分，难度系数 0.75）

不等式 $|x+2|\leqslant 7$ 的解集是【　　】.

A. $[-9,5]$　　B. $(-7,7)$

C. $(-\infty,-7)\cup(7,+\infty)$　　D. $(-\infty,-9)\cup(5,+\infty)$

填空题 1. （2 分，难度系数 0.9）

不等式 $|x-2|<11$ 的解集是____________.

填空题 2. （2 分，难度系数 0.75）

不等式 $|x+3|\leqslant 15$ 的解集是____________.

解答题 1. （6 分，难度系数 0.75）

解不等式：$|2x-1|<5$.

2.4.4　解不等式 $|ax+b|>c$　$(c>0)$

选择题 1.（3 分，难度系数 0.75）

不等式 $|x-4|>8$ 的解集是【　　】.

A. $(-8, 8)$　　B. $[-4, 4]$

C. $(-\infty, -4)\cup(12, +\infty)$　　D. $(-\infty, 4)\cup(8, +\infty)$

选择题 2.（3 分，难度系数 0.75）

不等式 $|x+7|\geqslant 10$ 的解集是【　　】.

A. $(-7, 7)$　　B. $(-\infty, -17]\cup[3, +\infty)$

C. $(-\infty, 7)\cup(10, +\infty)$　　D. $[-10, 10]$

★填空题 1.（2 分，难度系数 0.9）

不等式 $|3x|>9$ 的解集是________________.

填空题 2.（2 分，难度系数 0.75）

不等式 $|x-2|\geqslant 4$ 的解集是____________.

解答题 1.（6 分，难度系数 0.6）

解不等式：$|2x-1|>11$.

解答题 2.（6 分，难度系数 0.6）

已知全集 $U=R$，集合 $M=\{x \mid |3x-2|\geqslant 5\}$，求集合 $\complement M$.

第2章不等式检测试卷

一、单项选择题（本大题共8小题，每小题3分，共24分）

（在每小题给出的四个备选项中，只有一项是符合题目要求的，请将其代码填写在题后的括号内．未选、错选或多选均不得分）．

1. 设 $a>b$，则下列结论正确的是【　　】．

A. $a+2<b+2$　　B. $a-1>b-1$　　C. $-3a>-3b$　　D. $3a-5<3b-5$

2. 若 $b<a<0$，则 a^2 与 b^2 之间的大小关系是【　　】．

A. $a^2<b^2$　　B. $a^2>b^2$　　C. $a^2\leqslant b^2$　　D. $a^2\geqslant b^2$

3. 若集合 $A=\{x\mid -1<x\leqslant 5\}$，则集合 A 用区间表示为【　　】．

A. $[-1, 5]$　　B. $(-1, 5)$　　C. $[-1, 5)$　　D. $(-1, 5]$

4. 若集合 $A=(-\infty, 2]$，集合 $B=(-3, +\infty)$，则集合 $A\cap B=$【　　】．

A. $(-\infty, +\infty)$　　B. $(-\infty, -3)$　　C. $(2, +\infty)$　　D. $(-3, 2]$

5. 若根式 $\sqrt{-3x-9}$ 有意义，则 x 的取值范围是【　　】．

A. $\varnothing$　　B. $(-\infty, -3]$　　C. $(-3, 3]$　　D. $[-3, +\infty)$

6. 不等式 $(x-2)(x-3)\geqslant 0$ 的解集是【　　】．

A. $(-\infty, 2]\cup[3, +\infty)$　　B. $[2, 3]$

C. $(-\infty, 0]\cup[3, +\infty)$　　D. $[0, 3]$

7. 一元二次不等式 $x^2-5x-6<0$ 的解集是【　　】．

A. $(-2, 3)$　　B. $(-1, 6)$

C. $(-\infty, -2)\cup(3, +\infty)$　　D. $(-\infty, -1)\cup(6, +\infty)$

8. 不等式 $|x|\leqslant 5$ 的解集是【　　】．

A. $(-5, 5)$　　B. $[-5, 5]$

C. $(-\infty, 0)\cup(5, +\infty)$　　D. $(-\infty, -5)\cup(5, +\infty)$

二、填空题（本大题共8小题，每小题5分，共40分）（把答案填在横线上）

9. 设 $x>y$，则 $-\frac{x}{5}$ ______ $-\frac{y}{5}$（填“>”或“<”）．

10. 不等式 $3-5x<2(3x+1)$ 的解集是________________．

11. 若集合 $A=(-7, 3)$，集合 $B=[-4, 6)$，则 $A\cup B=$____________．

12. 已知全集 $U=R$，集合 $A=(3, +\infty)$，则 $\complement A=$____________．

13. 不等式组 $\begin{cases} x-3<2x-4 \\ \frac{2x-3}{3}\geqslant 1 \end{cases}$ 的解集是________________．

14. 一元二次不等式 $x^2-2x<0$ 的解集是____________.

15. 不等式 $|x-3|<8$ 的解集是________________.

16. 若方程 $x^2+px+q=0$ 的两个根是 1 和 2，则实数 $p=$________，$q=$________.

三、解答题（本大题共 3 小题，每小题 12 分，共 36 分）（应写出文字说明、证明过程或演算步骤）

17.（本小题满分 12 分）解答下列各题：

（1）解不等式 $2x^2+x-3\geqslant 0$.

（2）解不等式 $|2x-1|>11$.

18.（本小题满分 12 分） 设 $A=\{x\,|\,x^2-x-20<0\}$，$B=\{x\,|\,|2x-3|>1\}$，求（1）$A\cap B$；（2）$A\cup B$.

19.（本小题满分 12 分）某游泳馆的门票每张 10 元，限使用一次．考虑到人们的不同需求，也为了吸引更多的游泳者，该馆除保留原来的售票方式外，还推出了“购买个人年票”的售票方式（个人年票的有效期为 1 年）．年票分 A、B、C 三种；A 种年票每张 120 元，持票者入馆时，无需再付款；B 种年票每张 60 元，持票者入馆时，每次需付款 2 元；C 种年票每张 40 元，持票者入馆时，每次需付款 3 元．

（1）假如你只选择一种购买门票的方式，且计划在一年中花费 80 元在该馆的门票上，试通过计算，确定进馆次数最多的购票方式．

（2）请用不等式的方式解答：一年中进馆次数超过多少次时，购买 A 种年票比较合算？

第3章

函 数

知识结构框图

- 函数
  - 函数的概念
    - 定义
    - 表示法
      - 列表法
      - 图像法
      - 解析法
  - 函数的三要素
    - 定义域
    - 值域
    - 对应法则
  - 函数的性质
    - 单调性
      - 定义法
      - 图像法→观察函数图像判断
    - 奇偶性→对称性
      - 定义法
      - 图像法

知识点及学习要求

知 识 点	学习要求			
	知识要求		操作要求	
	了解	掌握	会	熟练
第 3 章 函数				
3.1 函数的概念及表示法				
3.1.1 函数的概念	√			
3.1.2 函数值		√	√	
3.1.3 函数的定义域		√	√	
3.1.4 函数的表示法	√			

续表

知识点	学习要求			
	知识要求		操作要求	
	了解	掌握	会	熟练
3.2 函数的性质				
3.2.1 函数的单调性	√		√	
3.2.2 点 P (x, y) 关于坐标轴、原点对称		√		√
3.2.3 函数的奇偶性	√		√	
3.3 函数的实际应用举例				
3.3.1 分段函数的定义域	√			
3.3.2 分段函数在指定点的函数值		√	√	
3.3.3 建立简单的日常生活中分段函数的关系式		√	√	

3.1 函数的概念及表示法

3.1.1 函数的概念

选择题 1.（3 分，难度系数 0.75）

与函数 $y=x^2$ 表示同一函数的为【　　】.

A. $y=\dfrac{x^3}{x}$　　B. $y=\sqrt{x^4}$　　C. $y=(\sqrt{x})^4$　　D. $y=\sqrt{m^2}$

填空题 1.（2 分，难度系数 0.75）

函数 $f(x)=\sqrt{(x-1)^2}$ 与 $g(x)=x-1$ ________（填“是”或“不是”）同一函数.

3.1.2 函数值

★选择题 1.（3 分，难度系数 0.9）

已知 $f(x)=3x^2-2x+1$，则 $f(-1)=$【　　】.

A. 4　　C. 5　　D. 6　　D. 7

★选择题 2.（3 分，难度系数 0.9）

已知 $f(x)=2x^2-5x-1$，则 $f(3)=$【　　】.

A. -1　　B. -2　　C. 1　　D. 2

★选择题 3.（3 分，难度系数 0.9）

已知 $f(x)=x^2+2x-1$，则 $f(a)=$【　　】.

A. a^2+2a-1　　B. $4a^2+4a-1$　　C. $4a^2+2a-1$　　D. $2a^2+4a-1$

★填空题 1.（2 分，难度系数 0.9）

已知函数 $f(x)=x^2-2x$，则 $f(-1)=$ ________.

★**解答题 1.** (6 分，难度系数 0.9)

设函数 $f(x)=3x-5$，求 $f(-2)$，$f(0)$，$f(a)$的值.

3.1.3 函数的定义域

★**选择题 1.** (3 分，难度系数 0.9)

函数 $f(x)=3x^2+x-5$ 的定义域为【　　】.

A. R　　B. $(-\infty, -1)\cup(-1, +\infty)$

C. $\{x|x\neq 1\}$　　D. $(-\infty, 1)\cup(1, +\infty)$

★**选择题 2.** (3 分，难度系数 0.75)

函数 $f(x)=\dfrac{2-x}{x-1}$的定义域为【　　】.

A. R　　B. $(-\infty, -1)\cup(-1, +\infty)$

C. $\{x|x\neq 1\}$　　D. $(-\infty, 1)\cup(1, +\infty)$

★**选择题 3.** (3 分，难度系数 0.75)

函数 $f(x)=\dfrac{x-3}{2x+4}$的定义域为【　　】.

A. R　　B. $(-\infty, -2)\cup(-2, +\infty)$

C. $\{x|x\neq 3\}$　　D. $(-\infty, 2)\cup(2, +\infty)$

★**选择题 4.** (3 分，难度系数 0.75)

函数 $f(x)=\sqrt{x-1}$的定义域为【　　】.

A. $[1, +\infty)$　　B. $(-\infty, 1]$　　C. $(1, +\infty)$　　D. $(-\infty, 1)$

★**填空题 1.** (2 分，难度系数 0.9)

函数 $f(x)=2x^2-x+3$ 的定义域用区间表示为______.

★**填空题 2.** (2 分，难度系数 0.75)

函数 $f(x)=\dfrac{2x+1}{x-2}$的定义域为__________.

★**填空题 3.** (2 分，难度系数 0.75)

函数 $f(x)=\dfrac{2x-3}{x+1}$的定义域为____________.

★**填空题 4.** （2 分，难度系数 0.75）

函数 $f(x)=\sqrt{2x+4}$ 的定义域为____________.

★**填空题 5.** （2 分，难度系数 0.75）

函数 $f(x)=\sqrt{2x-6}$ 的定义域为____________.

填空题 6. （2 分，难度系数 0.6）

函数 $f(x)=\sqrt{4-2x}$ 的定义域为____________.

★**解答题 1.** （6 分，难度系数 0.75）

求函数 $f(x)=\dfrac{x}{2x+6}$ 的定义域.

★**解答题 2.** （6 分，难度系数 0.75）

求函数 $f(x)=\sqrt{3x-2}$ 的定义域.

★**解答题 3.** （6 分，难度系数 0.75）

求函数 $f(x)=\sqrt{2x+5}$ 的定义域.

解答题 4. （6 分，难度系数 0.6）

求函数 $f(x)=\sqrt{3-4x}$ 的定义域.

解答题 5. (6 分，难度系数 0.6)

求函数 $f(x)=\sqrt{x^2-2x}$ 的定义域.

3.1.4 函数的表示法

★选择题 1. (3 分，难度系数 0.75)

函数 $y=2x+1$ 的图像经过的点为【 】.

A. (1，-2) B. (-1，-1) C. (1，1) D. (-1，-2)

选择题 2. (3 分，难度系数 0.75)

函数 $y=-2x\quad(x\in[-1,3])$ 的图像为【 】.

A. 两个点 B. 一条直线 C. 一条线段 D. $\{x\mid x\neq 1\}$

填空题 1. (2 分，难度系数 0.6)

若点 $(a,0)$ 在函数 $y=x^2-2x+1$ 的图像上，则 $a=$______.

★填空题 2. (2 分，难度系数 0.75)

若点 $(1,a)$ 在函数 $y=1-3x$ 的图像上，则 $a=$______.

★填空题 3. (2 分，难度系数 0.6)

函数 $y=2x^2+3x-5$ 的图像与 y 轴的交点坐标为________.

3.2 函数的性质

3.2.1 函数的单调性

选择题 1. (3 分，难度系数 0.6)

下列函数在 $(-\infty,0)$ 内为减函数的是【 】.

A. $y=3x-5$ B. $y=-\dfrac{2}{x}$ C. $y=-x^2+3$ D. $y=x^2+1$

选择题 2. (3 分，难度系数 0.6)

下列函数在 $(0,+\infty)$ 内为增函数的是【 】.

A. $y=-x+2$ B. $y=\dfrac{2}{x}$ C. $y=x^2+2$ D. $y=-2x^2$

选择题 3. （3 分，难度系数 0.75）

已知函数 $y=f(x)$ 在区间$(-3, 4)$内是增函数，则下列关系中正确的为【　　】.

A. $f(-2)\leqslant f(1)$　　B. $f(-2)<f(1)$

C. $f(-2)\geqslant f(1)$　　D. $f(-2)>f(1)$

选择题 4. （3 分，难度系数 0.6）

函数 $f(x)=x^2-2x+1$ 的增区间为【　　】.

A. $(0, +\infty)$　　B. $(-\infty, 0)$　　C. $(1, +\infty)$　　D. $(-\infty, 1)$

选择题 5. （3 分，难度系数 0.75）

下列函数在$(-\infty, 0)$内为增函数的是【　　】.

A. $y=-2x+1$　　B. $y=\frac{2}{x}$　　C. $y=-x^2+3$　　D. $y=x^2+1$

选择题 6. （3 分，难度系数 0.75）

下列函数在$(0, +\infty)$内为减函数的是【　　】.

A. $y=3x+2$　　B. $y=-\frac{5}{x}$　　C. $y=x^2+2$　　D. $y=-2x^2$

★填空题 1. （2 分，难度系数 0.75）

函数 $y=1-3x$ 的在区间（$-\infty$, $+\infty$）内为________（填“增函数”或“减函数”）.

★填空题 2. （2 分，难度系数 0.75）

函数 $f(x)=4x-3$ 的单调增区间为____________.

填空题 3. （2 分，难度系数 0.75）

函数 $y=\frac{3}{x}$的单调区间为______________.

★填空题 4. （2 分，难度系数 0.9）

一次函数 $y=2x-5$ 的单调增区间为__________.

★填空题 5. （2 分，难度系数 0.9）

一次函数 $y=-3x+2$ 的单调减区间为__________.

★填空题 6. （2 分，难度系数 0.75）

二次函数 $y=2x^2+1$ 的单调增区间为__________，单调减区间为__________.

填空题 7. （2 分，难度系数 0.75）

二次函数 $y=-x^2+2$ 的单调增区间为__________，单调减区间为__________.

★**填空题 8.** （2 分，难度系数 0.6）

函数 $y=3x^2-1$ 的单调减区间为____________.

解答题 1. （6 分，难度系数 0.75）

已知函数图像如图 3 - 1 所示.

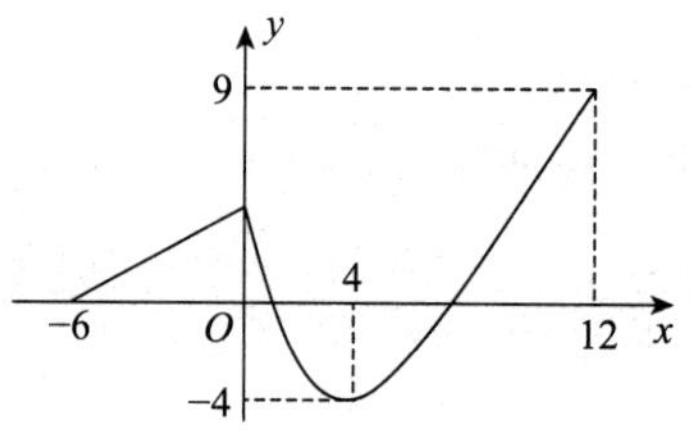

图 3 - 1

★（1）根据图像说出函数的单调区间以及函数在各单调区间内的单调性.

（2）写出函数的定义域和值域.

解答题 2. （6 分，难度系数 0.6）

根据函数 $f(x)=\dfrac{3}{x}$ 的图像，判断此函数在区间（0，$+\infty$）内的单调性.

解答题 3. （6 分，难度系数 0.6）

作函数 $y=-x+1$ 的图像，并判断它在区间（$-\infty$，$+\infty$）内的单调性.

★**解答题 4.** （6 分，难度系数 0.6）

作出函数 $f(x)=2x+3$ 的图像，并判断其在区间$(-\infty,+\infty)$内的单调性.

★**解答题 5.** （6 分，难度系数 0.75）

如图 3－2 所示，根据图像写出 $y=f(x)$的单调区间，以及在单调区间上，函数 $y=f(x)$是增函数还是减函数.

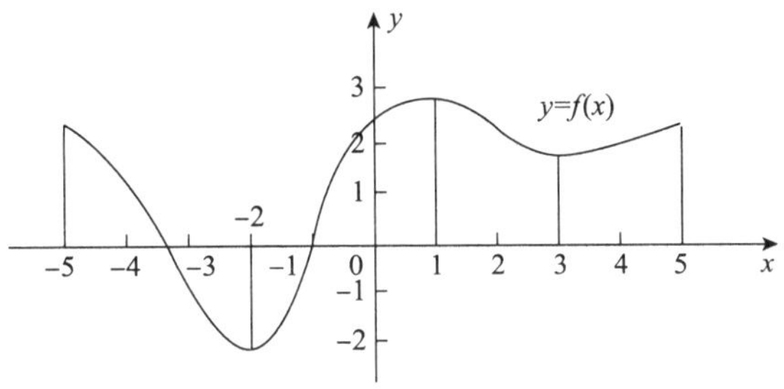

图 3－2

★**解答题 6.** （6 分，难度系数 0.75）

根据下列函数的图像（见图 3－3），写出函数的单调区间。

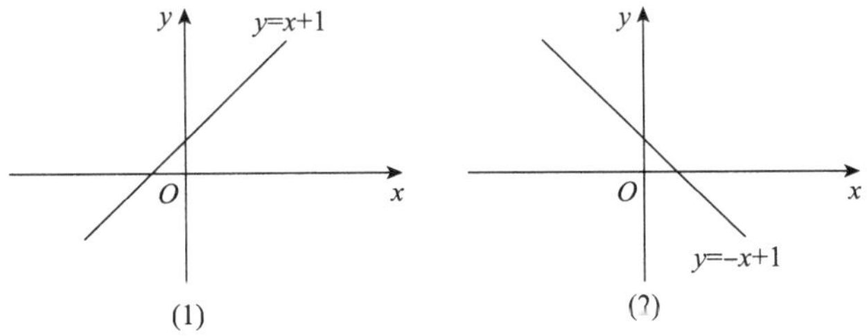

图 3－3

★**解答题 7.** （6 分，难度系数 0.6）

根据函数 $f(x)=-2x+1$ 的图像，判断此函数在区间（$-\infty$，$+\infty$）内的单调性.

3.2.2　点 $P(x,y)$ 关于坐标轴、原点对称

★选择题 1.（3 分，难度系数 0.9）

点 $P(-2, 1)$关于 x 轴的对称点的坐标是【　　】.

A. $(-2, -1)$　　B. $(-2, 1)$　　C. $(2, -1)$　　D. $(2, 1)$

★选择题 2.（3 分，难度系数 0.9）

点 $P(3, -2)$关于 y 轴的对称点的坐标是【　　】.

A. $(-3, 2)$　　B. $(-3, -2)$　　C. $(3, -2)$　　D. $(3, 2)$

★选择题 3.（3 分，难度系数 0.9）

点 $P(5, -3)$关于原点 O 对称点的坐标是【　　】.

A. $(-5, -3)$　　B. $(5, -3)$　　C. $(-5, 3)$　　D. $(5, 3)$

★填空题 1.（2 分，难度系数 0.9）

点（-1, 5）关于原点 O 的对称点的坐标是__________.

★填空题 2.（2 分，难度系数 0.9）

点（2, -4）关于 x 轴的对称点的坐标是__________.

★填空题 3.（2 分，难度系数 0.9）

点（5, 1）关于 y 轴的对称点的坐标是__________.

3.2.3　函数的奇偶性

★选择题 1.（3 分，难度系数 0.75）

函数 $y=-2x$ 是【　　】.

A. 奇函数　　B. 偶函数

C. 非奇非偶函数　　D. 既是奇函数又是偶函数

选择题 2.（3 分，难度系数 0.75）

下列函数中为偶函数的是【　　】.

A. $y=3x-1$　　B. $y=\dfrac{2}{x}$　　C. $y=x^2-2x-3$　　D. $y=x^2+1$

★选择题 3.（3 分，难度系数 0.9）

函数 $y=3x$ 是【　　】.

A. 奇函数　　B. 偶函数

C. 非奇非偶函数　　D. 既是奇函数又是偶函数

选择题 4. （3 分，难度系数 0.75）

下列函数中为奇函数的是【　　】.

A. $y=3x-1$　　B. $y=\dfrac{2}{x}$　　C. $y=x^2-2x-3$　　D. $y=x^2+1$

★填空题 1. （2 分，难度系数 0.9）

函数 $y=2x^2-1$ 是__________（填“奇函数”或“偶函数”）.

★填空题 2. （2 分，难度系数 0.9）

函数 $y=-\dfrac{2}{x}$ 是__________（填“奇函数”或“偶函数”）.

★填空题 3. （2 分，难度系数 0.75）

函数 $y=3x^2$ 是________（填“奇函数”或“偶函数”），则它的图像是关于________对称.

★填空题 4. （2 分，难度系数 0.9）

函数 $y=\dfrac{1}{x}$ 是________（填“奇函数”或“偶函数”），则它的图像是关于________对称.

填空题 5. （2 分，难度系数 0.6）

函数 $f(x)=\sqrt{2x-4}$ 的定义域是__________，则它的奇偶性是________.

★解答题 1. （6 分，难度系数 0.75）

判断函数 $f(x)=1-x^2$ 的奇偶性.

★解答题 2. （6 分，难度系数 0.75）

判断函数 $f(x)=4x^3$ 的奇偶性.

解答题 3. （6 分，难度系数 0.75）

判断函数 $f(x)=2x+4$ 的奇偶性 .

★**解答题 4.** （6 分，难度系数 0.75）

根据图 3－4 写出 $y=f(x)$ 的奇偶性.

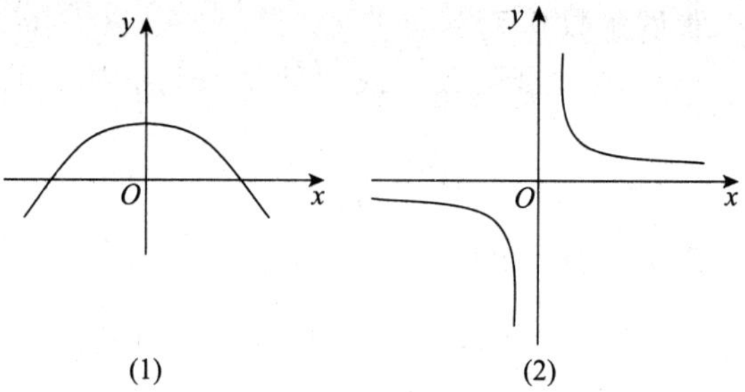

图 3－4

解答题 5. （6 分，难度系数 0.75）

判断函数 $f(x)=1-x$ 在 $(-\infty,+\infty)$ 内的奇偶性 .

解答题 6. （6 分，难度系数 0.75）

判断函数 $f(x)=2x-5$ 在 $(-\infty,+\infty)$ 内的奇偶性 .

解答题 7. （6 分，难度系数 0.75）

判断函数 $f(x)=\dfrac{1}{x}$ 在 $(-\infty,\ 0)\cup(0,\ +\infty)$ 内的奇偶性.

3.3 函数的实际应用举例

3.3.1 分段函数的定义域

★**选择题 1.** （3 分，难度系数 0.9）

分段函数 $f(x)=\begin{cases}3x & -3\leqslant x<0\\ x+1 & 0\leqslant x<4\end{cases}$ 的定义域是【　　】.

A. $[-3,\ 4]$　　B. $[-3,\ 4)$　　C. $(-3,\ 4]$　　D. $(-3,\ 4)$

★**选择题 2.** （3 分，难度系数 0.75）

分段函数 $f(x)=\begin{cases}x+1, & -3<x<0\\ 2x-1, & 0\leqslant x\leqslant 4\end{cases}$ 的定义域是【　　】.

A. $[-3,\ 4]$　　B. $[-3,\ 4)$　　C. $(-3,\ 4]$　　D. $(-3,\ 4)$

★**填空题 1.** （2 分，难度系数 0.9）

函数 $f(x)=\begin{cases}2x-1, & x<0\\ x-3, & x\geqslant 0\end{cases}$ 的定义域是__________.

★**填空题 2.** （2 分，难度系数 0.9）

函数 $f(x)=\begin{cases}x+1 & -2\leqslant x<0\\ 2x-3 & 0\leqslant x\leqslant 3\end{cases}$ 的定义域是__________.

★**解答题 1.** （6 分，难度系数 0.9）

求函数 $f(x)=\begin{cases}-1, & x<0\\ 1, & x\geqslant 0\end{cases}$ 的定义域.

★**解答题 2.** （6 分，难度系数 0.75）

求函数 $f(x)=\begin{cases}2x & -1\leqslant x<0\\ x-3 & 0\leqslant x<2\end{cases}$ 的定义域.

解答题 3. （6 分，难度系数 0.6）

求函数 $f(x)=\begin{cases}2x^2 & x<-1\\ 4x-1 & -1<x\leqslant 1\\ 3x & x\geqslant 1\end{cases}$ 的定义域．

3.3.2　分段函数在指定点的函数值

★选择题 1. （3 分，难度系数 0.9）

已知 $f(x)=\begin{cases}2x-3, & x\geqslant 0\\ x+1, & x<0\end{cases}$，则 $f(4)=$【　　】．

A. 4　　B. 5　　C. 6　　D. 7

★选择题 2. （3 分，难度系数 0.75）

已知 $f(x)=\begin{cases}x-1, & x<0\\ x+2, & x\geqslant 0\end{cases}$，则 $f(3)=$【　　】．

A. 4　　B. 5　　C. 6　　D. 7

★选择题 3. （3 分，难度系数 0.75）

已知 $f(x)=\begin{cases}x+5, & x<0\\ x-2, & x\geqslant 0\end{cases}$，则 $f(-2)=$【　　】．

A. 1　　B. 2　　C. 3　　D. 4

★填空题 1. （2 分，难度系数 0.9）

已知 $f(x)=\begin{cases}x+1 & x<0\\ 2x-3 & x\geqslant 0\end{cases}$，则 $f(5)=$____________．

★填空题 2. （2 分，难度系数 0.9）

已知 $f(x)=\begin{cases}2x-1, & x<0\\ x-3, & x\geqslant 0\end{cases}$，则 $f(-1)=$__________．

★填空题 3. （2 分，难度系数 0.9）

已知 $f(x)=\begin{cases}x+1 & x<0\\ 2x-3 & x\geqslant 0\end{cases}$，则 $f(0)=$____________．

解答题 1. （6 分，难度系数 0.6）

设函数 $f(x)=\begin{cases}2 & x<0\\ x-1 & 0\leqslant x\leqslant 3\end{cases}$.

★（1）写出此函数的定义域 .

★（2）求 $f(-1)+f(0)+f(2)$ 的值 .

*（3）作出此函数的图像 .

* **解答题 2.** （6 分，难度系数 0.6）

作分段函数 $f(x)=\begin{cases}x+2, & x<0\\ 1-x, & x\geqslant 0\end{cases}$ 的图像 .

解答题 3. （6 分，难度系数 0.6）

作分段函数 $f(x)=\begin{cases}-1, & x<0\\ 1, & x\geqslant 0\end{cases}$ 的图像 .

3.3.3　建立简单的日常生活中分段函数的关系式.

选择题 1. （3 分，难度系数 0.6）

某商品降价 10% 后，若要恢复原价，则应提价【　　】.

A. 10%　　　　B. 9%　　　　C. 11%　　　　D. $\frac{100}{9}\%$

选择题 2. (3 分，难度系数 0.75)

某工厂原来月产量为 a，一月份增产 10%，二月份比一月份减产 10%，设二月份产量为 b，则【　　】.

A. $a=b$　　B. $a>b$　　C. $a<b$　　D. 无法确定 a、b 的大小

★填空题 1. (2 分，难度系数 0.75)

“神州”牌数码相机原价是 1980 元，圣诞节前开展促销活动，按 1584 元销售，则此“神州”牌数码相机打了＿＿＿＿＿＿折.

★填空题 2. (2 分，难度系数 0.75)

“飞跃”牌山地车原价是 598 元，“五·一”前进行促销活动，按 478 元销售，则此“飞跃”牌山地车约降价了＿＿＿＿＿成.

解答题 1. (6 分，难度系数 0.6)

某商场在销售旺季临近时，某品牌童装的售价呈上升趋势的特点，设该品牌童装的原售价为每件 20 元，且每周涨价 2 元，从第 6 周开始，保持每件 30 元的稳定售价直到 11 周结束该品牌童装的销售为止．试建立售价 y（元）与周次 x 之间的函数关系式．

解答题 2. (6 分，难度系数 0.6)

我国是一个缺水的国家，很多城市的生活用水远远低于世界的平均水平. 为了加强公民的节水意识，某城市制定每户月用水收费（含用水费和污水处理费）标准如表 3－1 所示。

表 3－1

用水量	不超过 $10m^3$ 部分	超过 $10m^3$ 部分
收费（元/m^3）	1.30	2.00
污水处理费（元/m^3）	0.30	0.80

试写出每户每月用水量 x（m^3）与应交水费 y（元）之间的函数解析式。

解答题 3.（6 分，难度系数 0. 6）

为鼓励节约用电，某地对用户用电收费标准做如下规定：①如果每月每户用电不超过 200 度，那么每度按 0. 65 元收费；②如果超过 200 度，那么超过的部分每度按 0. 80 元收费. 解答下列问题：

（1）试写出居民每月用电量 x（度）与应交电费 y（元）之间的函数解析式.

（2）某户居民在一个月内用电 280 度，他这个月应缴电费多少元?

解答题 4.（6 分，难度系数 0. 6）

某城市规范出租汽车收费标准：①当行驶路程不超过 3 千米时，收费 8 元；②当行驶路程超过 3 千米但不超过 10 千米时，在收费 8 元的基础上，超过 3 千米的部分每千米收费 1. 5 元；③当行驶路程超过 10 千米时，超过 10 千米的部分每千米收费 2 元，假设不收取停车等候等其他费用. 解答下列问题：

（1）试求车费 y 元与行驶路程 x 千米之间的函数关系式.

（2）当乘坐路程为 12 千米时，应付车费多少元?

第 3 章函数检测试卷

一、单项选择题（本大题共 8 小题，每小题 3 分，共 24 分.）

（在每小题给出的四个备选项中，只有一项是符合题目要求的，请将其代码填写在题后的括号内．未选、错选或多选均不得分）.

1. 函数 $f(x)=\sqrt{2x-4}$ 的定义域是【　　】.

A. $(-2,\ 2)$　　B. $[-2,\ 2]$

C. $(-\infty,\ -2)\cup(2,\ +\infty)$　　D. $[2,\ +\infty)$

2. 函数 $f(x)=x^2-3$【　　】.

A. 在 $(-\infty,\ 2)$ 内是减函数　　B. 在 $(-\infty,\ 3)$ 内是减函数

C. 在 $(-\infty,\ 0)$ 内是减函数　　D. 在 $(-\infty,\ +\infty)$ 内是减函数

3. 下列函数中奇函数是【　　】.

A. $y=3x+1$　　B. $y=\frac{1}{x}$　　C. $y=2x^2$　　D. $y=-\frac{1}{3}x^2$

4. 一次函数 $y=-4x+1$ 的图像经过第【　　】象限.

A. 一、二、三　　B. 一、二、四　　C. 一、三、四　　D. 二、三、四

5. 点 $P(3,\ -2)$ 关于 x 轴的对称点的坐标是【　　】.

A. $(3,\ -2)$　　B. $(-3,\ -2)$　　C. $(3,\ 2)$　　D. $(-3,\ 2)$

6. 函数 $y=3x^2$ 是（　　）.

A. 奇函数　　B. 偶函数

C. 非奇非偶函数　　D. 既是奇函数又是偶函数

7. 已知 $f(x)=\begin{cases}-2x,\ x<0\\ x-2,\ x\geqslant 0\end{cases}$，则 $f(-3)=$【　　】.

A. 4　　B. 5　　C. 6　　D. 7

8. 分段函数 $f(x)=\begin{cases}3-x & -1\leqslant x<0\\ 2x+1 & 0\leqslant x\leqslant 2\end{cases}$ 的定义域是【　　】.

A. $[-1,\ 2]$　　B. $[-1,\ 2)$　　C. $(-1,\ 2]$　　D. $(-1,\ 2)$

二．填空题（本大题共 8 小题，每小题 5 分，共 40 分）（把答案填在横线上）

9. 设函数 $f(x)=\begin{cases}3-x^2,\ x\leqslant 0\\ 2x+3,\ x>0\end{cases}$，则 $f(-2)=$__________.

10. 点 $P(1,0)$ 关于 y 轴的对称点的坐标是__________.

11. 已知函数 $f(x)=5x^2-4$，则 $f(-a)=$__________.

12. 已知函数 $y=f(x)$ 是奇函数，且 $f(1)=3$，则 $f(-1)=$__________.

13. 函数 $y=2x-4$ 的在区间（$-\infty$，$+\infty$）内为__________（增减性）.

14. 函数 $y=3x^2$ 的减区间为____________.

15. 函数 $f(x)=\begin{cases} x+1, & x<0 \\ 2x-3, & x\geq 0 \end{cases}$ 的定义域是区间________.

16. 一个矩形的面积为12，其中一边长为$\sqrt{6}$，则另一边长为________.

三. 解答题（本大题共3小题，每小题12分，共36分）（应写出文字说明、证明过程或演算步骤）

17.（本小题满分12分）解答下列问题：

已知函数 $f(x)=\begin{cases} -x & x<0 \\ 1 & 0\leq x\leq 2 \end{cases}$.

（1）写出此函数的定义域；（4分）

（2）求 $f(-1)+f(0)+f(2)$ 的值；（4分）

*（3）做出此函数的图像.（4分）

18.（本小题满分12分）解答下列问题：

（1）判断函数 $f(x)=-2x+1$ 在区间内（$-\infty$，$+\infty$）的单调性.（6分）

（2）判断函数 $f(x)=2x+4$ 的奇偶性.（6分）

19.（本小题满分12分）

为了迎接暑期旅游，某旅行社推出了一种价格优惠方案：从现在开始，各条旅游线路的价格每人 y 元是原来价格每人 x 元的一次函数.现知道其中两条旅游线路原来旅游的价格分别为每人2100元和2800元，而现在旅游的价格分别为每人1800元和2300元。

（1）求 y 与 x 的函数关系.（6分）

（2）王老师想参加该旅行社原价格为5600元的一条线路的暑期旅游，请帮王老师算出这条线路的现在价格.（6分）

第4章

指数函数与对数函数

知识结构框图

- 指数函数与对数函数
  - 实数指数幂
    - 有理数指数幂
      - 整数指数幂
        - 正整数次幂
        - 零次幂
        - 负整数次幂
      - 分数指数幂
        - 正分数次幂
        - 负分数次幂
    - 有理数指数幂的运算法则
    - 实数指数幂的运算法则
    - 幂函数
      - 概念
      - 几个常用幂函数（$y=x$，$y=x^2$，$y=x^3$，$y=x^{-1}$，$y=x^{-2}$，$y=x^{\frac{1}{2}}$，$y=x^{-\frac{1}{2}}$）
  - 指数函数
    - 概念
    - 图像
    - 性质
  - 对数
    - 概念
    - 指数式与对数式的互化关系式
    - 性质
    - 对数的运算法则
    - 常用对数
    - 自然对数
  - 对数函数
    - 定义
    - 图像
    - 性质

知识点及学习要求

知识点	学习要求			
	知识要求		操作要求	
	了解	掌握	会	熟练
第4章指数函数与对数函数				
4.1 实数指数幂				
4.1.1 分数指数幂的概念		√		
4.1.2 实数指数幂及其运算法则	√		√	
4.1.3 幂函数举例	√		√	
4.2 指数函数				
4.2.1 指数函数的图像与性质	√		√	
4.2.2 指数函数应用举例	√		√	
4.3 对数				
4.3.1 对数的概念		√	√	
4.3.2 常用对数与自然对数	√	√	√	
4.3.3 积、商、幂的对数		√	√	
4.4 对数函数				
4.4.1 对数函数的图像与性质	√	√	√	

4.1 实数指数幂

4.1.1 分数指数幂的概念

★选择题 1.（3分，难度系数0.75）

下列无意义的根式是【　　】.

A. $\sqrt[5]{4}$　　B. $\sqrt{-2}$　　C. $\sqrt{2}$　　D. $\sqrt[3]{-2}$

★选择题 2.（3分，难度系数0.75）

要使$\sqrt{x-1}$有意义，则x的取值范围是【　　】.

A. $\{x|x\leqslant 1\}$　　B. $\{x|x\neq 1\}$　　C. $\{x|x\geqslant 1\}$　　D. $\{x|x=1\}$

★选择题 3.（3分，难度系数0.6）

$3^0=$【　　】.

A. 1　　B. 0　　C. 3　　D. $\frac{1}{3}$

★填空题 1.（2分，难度系数0.9）

将根式写成指数式：$\sqrt{2}=$______

填空题 2. (2 分，难度系数 0.9)

将根式写成指数式：$\sqrt[2]{3^5}=$______

★填空题 3. (2 分，难度系数 0.9)

将指数式写成根式：$4^{\frac{1}{2}}=$______ .

填空题 4. (2 分，难度系数 0.9)

将指数式写成根式：$5^{\frac{1}{3}}=$______.

★解答题 1. (6 分，难度系数 0.9)

计算：$\sqrt[3]{27^2}$.

解答题 2. (6 分，难度系数 0.75)

计算：$(-8)^{\frac{2}{3}}$.

★**解答题 3.**（6 分，难度系数 0.75）

计算：$(\sqrt{2}-1)^{0}+\left(\frac{1}{2}\right)^{-1}$

4.1.2　实数指数幂及其运算法则

选择题 1.（3 分，难度系数 0.75）

下列运算中正确的是【　　】.

A. $a^{2}+a^{3}=a^{5}$　　B. $a^{2}\cdot a^{3}=a^{6}$　　C. $(a^{2})^{3}=a^{6}$　　D. $a^{6}\div a^{3}=a^{2}$

选择题 2.（3 分，难度系数 0.75）

下列运算中正确的是【　　】.

A. $3^{\frac{2}{5}}\cdot 3^{\frac{5}{2}}=3$　　B. $(3^{\frac{2}{5}})^{\frac{5}{2}}=3$　　C. $3^{\frac{2}{5}}\div 3^{\frac{5}{2}}=3$　　D. $3^{-\frac{2}{5}}\cdot 3^{\frac{2}{5}}=0$

★**选择题 3.**（3 分，难度系数 0.75）

$(-8)^{\frac{1}{3}}=$【　　】.

A. -2　　B. 2　　C. -4　　D. 4

★**填空题 1.**（2 分，难度系数 0.9）

$4^{\frac{1}{2}}\cdot 27^{\frac{1}{3}}=$________

填空题 2.（2 分，难度系数 0.75）

$(a^{\frac{1}{3}}\cdot b^{\frac{3}{2}})^{6}=$________

填空题 3.（2 分，难度系数 0.6）

$[(3)^{\frac{1}{6}}]^{3}\cdot\sqrt{3}=$________

★**解答题 1.**（6 分，难度系数 0.75）

计算：$\left(\frac{27}{8}\right)^{\frac{1}{3}}\cdot\left(\frac{2}{3}\right)\div\left(\frac{8}{9}\right)^{0}$.

解答题 2.（6 分，难度系数 0.6）

计算：$3-\left(-\frac{1}{4}\right)^{-1}+|-2|-(\pi-1)^{0}$.

解答题 3.（6 分，难度系数 0.6）

化简：$\dfrac{[(a^{\frac{1}{2}})\cdot b^{\frac{1}{3}}]^{6}}{[(a^{\frac{1}{3}})\cdot b^{\frac{1}{2}}]^{12}}$.

4.1.3　幂函数举例

★选择题 1.（3 分，难度系数 0.9）

下列各函数中幂函数是【　　】.

A. $y=x^2$　　B. $y=2^x$　　C. $y=-2^x$　　D. $y=2^3$

选择题 2.（3 分，难度系数 0.75）

下列幂函数在$(0, +\infty)$内为增函数的是【　　】.

A. $y=x^{-1}$　　B. $y=x^{-\frac{1}{2}}$　　C. $y=x^2$　　D. $y=x^{-\frac{1}{3}}$

选择题 3.（3 分，难度系数 0.75）

下列幂函数在$(0, +\infty)$内为减函数的是【　　】.

A. $y=x$　　B. $y=x^{-2}$　　C. $y=x^2$　　D. $y=x^{\frac{1}{2}}$

★**填空题 1.** （2 分，难度系数 0.9）

幂函数 $y=x^3$，则 $f(2)=$ ________ .

填空题 2. （2 分，难度系数 0.75）

函数 $y=x^3$ 是__________ 函数．（填“奇”或“偶”）

填空题 3. （2 分，难度系数 0.75）

幂函数 $y=x^2$ 的图像关于__________ 对称．

4.2 指数函数

4.2.1 指数函数的图像与性质

★**选择题 1.** （3 分，难度系数 0.75）

下列函数中为指数函数的是【　　】．

A. $y=x^2$　　B. $y=2x^2$　　C. $y=-x^2$　　D. $y=2^x$

★**选择题 2.** （3 分，难度系数 0.9）

下列指数函数在 $(-\infty, +\infty)$ 内为增函数的是【　　】．

A. $y=\left(\frac{1}{2}\right)^x$　　B. $y=2^x$　　C. $y=0.75^x$　　D. $y=\left(\frac{2}{3}\right)^x$

★**选择题 3.** （3 分，难度系数 0.9）

下列指数函数在 $(-\infty, +\infty)$ 内为减函数的是【　　】．

A. $y=3^x$　　B. $y=(0.5)^x$　　C. $y=2^x$　　D. $y=e^x$

★**填空题 1.** （2 分，难度系数 0.9）

指数函数 $y=a^x$，当 $x=0$ 时，$y=$ ______ .

★**填空题 2.** （2 分，难度系数 0.75）

指数函数 $y=a^x$，当________ 时，$y=a^x$ 在 $(-\infty, +\infty)$ 内是增函数．

★**填空题 3.** （2 分，难度系数 0.75）

指数函数 $y=a^x$，当________ 时，$y=a^x$ 在 $(-\infty, +\infty)$ 内是减函数．

解答题 1. （6 分，难度系数 0.75）

指数函数 $f(x)=a^x$ 经过点 $(1, 2)$，求 $f(3)$.

★**解答题 2.** (6 分，难度系数 0.75)

比较 $2.3^{1.5}$ 与 $2.3^{1.7}$ 的大小．

解答题 3. (6 分，难度系数 0.6)

求函数 $y=\dfrac{1}{2^x-1}$ 的定义域．

4.2.2　指数函数应用举例

★**选择题 1.** (3 分，难度系数 0.9)

指数函数 $y=10^x$【　　】．

A. 在区间 $(-\infty, +\infty)$ 内为增函数　　B. 在区间 $(-\infty, +\infty)$ 内为减函数

C. 在区间 $(-\infty, 0)$ 内为减函数　　D. 在区间 $(0, +\infty)$ 内为减函数

选择题 2. (3 分，难度系数 0.6)

某城市现有人口 100 万，城市的人口年自然增长率为 1.2%，若按这个增长率计算，10 年后人口预计有【　　】万．

A. $y=100\times0.012^{10}$　　B. $y=100\times(1+1.2\%)^{10}$

C. $y=100\times(1-1.2\%)^{10}$　　D. $y=100\times1.2^{10}$

填空题 1. (2 分，难度系数 0.75)

若 $2^{3x-1}>1$，则 x 的取值范围是________．

填空题 2. (2 分，难度系数 0.75)

某县城 2005 年国民生产总值 20 亿元，计划在今年后的 10 年内，平均每年增长 8%，试问：到 2015 年时，该县城的国民生产总值将达到__________亿元（用代数式表示）．

解答题 1. （6 分，难度系数 0.6）

求函数 $y=\sqrt{3^{2x-1}-\frac{1}{9}}$的定义域 .

★解答题 2. （6 分，难度系数 0.75）

某细胞成双倍分裂，即 1 个分裂成 2 个，2 个分裂成功 4 个，4 个分裂成 8 个……试求：

1. 写出细胞个数 y 与 x 之间的函数关系；
2. 当细胞个数为 $y=32$ 个时，试求出细胞分裂次数 x.

4.3　对数

4.3.1　对数的概念

★选择题 1. （3 分，难度系数 0.75）

将 $2^x=8$ 化成对数式可表示为【　　】.

A. $\log_8 2=x$　　B. $\log_2 x=8$　　C. $\log_2 8=x$　　D. $\log_8 x=2$

★**选择题 2.**（3 分，难度系数 0.9）

将$\log_3 9 = x$化成指数式可表示为【　　】.

A. $3^x = 9$　　B. $9^x = 3$　　C. $x^3 = 9$　　D. $9^3 = x$

★**选择题 3.**（3 分，难度系数 0.9）

$\lg 10 =$【　　】.

A. 0　　B. 1　　C. 2　　D. 3

★**填空题 1.**（2 分，难度系数 0.9）

$\log_5 1 =$ __________ .

★**填空题 2.**（2 分，难度系数 0.9）

$\log_{0.5} 0.5 =$ __________ .

★**填空题 3.**（2 分，难度系数 0.75）

$2^x = 32$ 写成对数式为 ______________ .

解答题 1.（6 分，难度系数 0.75）

将指数式 $a^{\frac{2}{3}} = b$ 化为对数式 .

★**解答题 2.**（6 分，难度系数 0.9）

求对数$\log_4 16$ 的值 .

★**解答题 3.**（6 分，难度系数 0.75）

计算：$\log_{0.5}0.5+2\log_{10}1-\log_2 8$.

4.3.2 常用对数与自然对数

★**选择题 1.**（3 分，难度系数 0.9）

常用对数是以【　　】为底的对数.

A. 2　　B. 3　　C. 5　　D. 10

选择题 2.（3 分，难度系数 0.9）

自然对数是以【　　】为底的对数.

A. π　　B. e　　C. $\sqrt{3}$　　D. 10

★**选择题 3.**（3 分，难度系数 0.9）

常用对数 $\log_{10}5$ 可以简记为【　　】.

A. lg5　　B. lg10　　C. 2　　D. 5

★**填空题 1.**（2 分，难度系数 0.9）

lg1 = ______ .

填空题 2.（2 分，难度系数 0.9）

ln$e$ = ______ .

填空题 3.（2 分，难度系数 0.75）

ln1 · lg100 = ______ .

★**解答题 1.**（6 分，难度系数 0.9）

计算：2lg100 + ln1 − lg10.

4.3.3　积、商、幂的对数

选择题 1.（3 分，难度系数 0.75）

设 $a>0$，$b>0$，下列式子正确的是【　　】.

A. $\lg(a+b)=\lg a+\lg b$　　B. $\lg ab=\lg a+\lg b$

C. $\lg ab=\lg a\cdot\lg b$　　D. $\lg\frac{a}{b}=\frac{\lg a}{\lg b}$

★**选择题 2.**（3 分，难度系数 0.75）

$\log_2 8-\log_2 2=$【　　】.

A. $\log_2 16$　　B. $\frac{\log_2 8}{\log_2 2}$　　C. 2　　D. 1

★**选择题 3.**（3 分，难度系数 0.75）

$2\log_5 25-8\log_7 1$ 的值为【　　】.

A. 5　　B. 4　　C. 3　　D. 1

填空题 1.（2 分，难度系数 0.9）

$\lg 20-\lg 2=$ ____ .

★**填空题 2.**（2 分，难度系数 0.75）

$\log_2\frac{1}{8}=$ ______

填空题 3.（2 分，难度系数 0.6）

若 $\lg 2=0.301$，则 $\lg 100-\lg 5=$ ____ .

解答题 1.（6 分，难度系数 0.9）

已知$\log_2 x=3$，求 x.

解答题 2.（6 分，难度系数 0.6）

计算：$\log_5\frac{1}{20}+2\log_5 2$.

解答题 3. （6 分，难度系数 0.75）

计算：$2\lg 3+\lg 7+\lg\frac{25}{7}-\lg\frac{9}{4}+\lg 1$.

4.4　对数函数

4.4.1　对数函数及其图像与性质

选择题 1. （3 分，难度系数 0.75）

若函数 $y=\log_a x$ 的图像经过点 $P(2,\ -1)$，则实数 a 的值【　　】.

A. $\frac{1}{2}$　　B. $-\frac{1}{2}$　　C. 1　　D. -1

★**选择题 2.** （3 分，难度系数 0.9）

下列对数函数在 $(0,\ +\infty)$ 内为增函数的是【　　】.

A. $y=\log_2 x$　　B. $y=\log_{\frac{1}{2}} x$　　C. $y=\log_{\frac{1}{10}} x$　　D. $y=\log_a x$

选择题 3. （3 分，难度系数 0.75）

函数 $y=\ln x$【　　】.

A. 在区间 $(-\infty,\ +\infty)$ 内为增函数　　B. 在区间 $(-\infty,\ +\infty)$ 内为减函数

C. 在区间 $(0,\ +\infty)$ 内为增函数　　D. 在区间 $(0,\ +\infty)$ 内为减函数

★**填空题 1.** （2 分，难度系数 0.9）

设 $f(x)=\lg x+1$，则 $f(10)=$________.

填空题 2. （2 分，难度系数 0.75）

若 $\log_3 x>0$，则 x 的取值范围为____________.

★**填空题 3.** （2 分，难度系数 0.75）

函数 $y=\lg(x-1)$ 的定义域为__________.

解答题 1. （6 分，难度系数 0.75）

解不等式：$\lg(3x-1)>\lg(x+1)$.

★**解答题 2.**（6 分，难度系数 0.75）

求函数 $y=\log_2(5x-3)$ 的定义域．

解答题 3.（6 分，难度系数 0.6）

求函数 $y=\frac{1}{1-\log_2 x}$ 的定义域．

第 4 章指数函数与对数函数检测试卷

一．单项选择题（本大题共 8 小题，每小题 3 分，共 24 分）

（在每小题给出的四个备选项中，只有一项是符合题目要求的，请将其代码填写在题后的括号内．未选、错选或多选均不得分．）

1. 下列以 x 为自变量的函数中，是指数函数的是【　　】．

A. $y=(-4)^x$　　B. $y=\pi^x$　　C. $y=-4^x$　　D. $y=4^{x+2}$

2. 函数 $y=2^{x-1}+1$ 的图像经过定点是【　　】．

A. (1，2)　　B. (2，1)　　C. (0，1)　　D. (2，2)

3. 若 $\left(\frac{1}{4}\right)^m<0.25^n$ 则 m，n 的关系是【　　】．

A. $m=\frac{n}{2}$　　B. $m=n$　　C. $m>n$　　D. $m<n$

4. 若 a，b 满足 $0<a<b<1$，则下列不等式中成立的是【　　】．

A. $a^a<a^b$　　B. $b^a<b^b$　　C. $a^a<b^a$　　D. $b^b<a^b$

5. 下列函数中既是偶函数又在 $(-\infty, 0)$ 上是增函数的是【　　】．

A. $y=x^{\frac{3}{4}}$　　B. $y=x^{\frac{3}{2}}$　　C. $y=x^{-2}$　　D. $y=x^{-\frac{1}{4}}$

6. 函数 $y=x^{-2}$ 在区间 $\left[\frac{1}{2}, 2\right]$ 上的最大值是【　　】．

A. $\frac{1}{4}$　　B. -1　　C. 4　　D. -4

7. 下列所给出的函数为幂函数的是【　　】．

A. $y=-x^3$　　B. $y=x^{-3}$　　C. $y=2x^3$　　D. $y=x^3-1$

8. 函数 $y=x^3$ 的图像大致是【　　】．

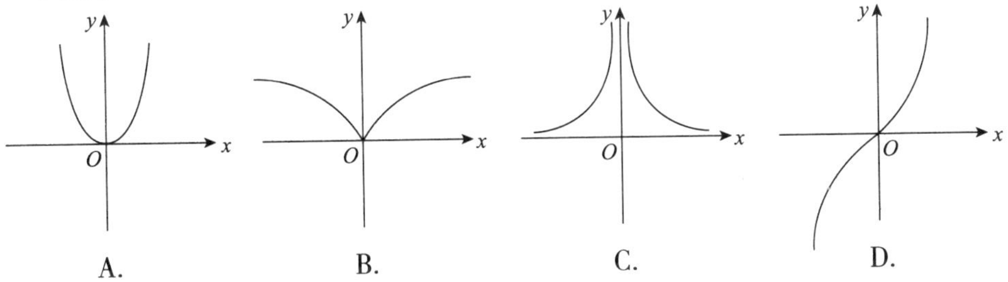

A.　　B.　　C.　　D.

二．填空题（本大题共 8 小题，每小题 5 分，共 40 分）（把答案填在横线上）

9. 如果函数 $f(x)=(a-1)^x$ 在 R 上是减函数，那么实数 a 的取值范围是________．

10. 比较大小：$1.7^{2.5}$ ____ 1.7^3；　$0.8^{-0.1}$ ____ $0.8^{0.2}$.

11. 若函数 $y=2^x+m$ 的图像不经过第二象限，则 m 的取值范围是__________．

12. 函数 $y=2^{\frac{1}{x-1}}$的定义域是__________.

13. 函数 $y=x^{-\frac{3}{2}}$的定义域是__________.

14. 设函数 $y=\log_2(x-1)$，若 $y\in[1,2]$,则 $x\in$__________.

15. $4^{-1}\times(2-\sqrt{3})^0+9^{\frac{1}{2}}\times 2^{-2}+\left(\frac{1}{3}\right)^{-\frac{1}{2}}-\sqrt{3}=$__________.

16. 已知 $f(x)=\lg|x|$，若 $a=f(-3)$，$b=f(2)$，则 a 与 b 的大小关系是__________.

三．解答题（本大题共 3 小题，每小题 12 分，共 36 分）（应写出文字说明、证明过程或演算步骤）

17.（本小题满分 12 分）比较下列各组中两个值大小：

（1）$0.3^{0.4}$与$0.3^{0.6}$；（5 分）

（2）$0.3^{0.4}$与$0.4^{0.3}$.（7 分）

18.（本小题满分 12 分）已知指数函数 $f(x)=a^x$ 图像过点 $\left(2,\frac{1}{16}\right)$，求 $f(0)$，$f(1)$，$f(-2)$.

19.（本小题满分 12 分）求函数 $f(x)=\frac{(x-1)^2}{\sqrt{1-3^{-x}}}+\log_2(1-2x)$ 的定义域.

第5章

三角函数

知识结构框图

- 三角函数
  - 角
    - 角的概念
      - 正角、零角、负角
      - 象限角、界限角
      - 终边相同的角
    - 角的度量
      - 角度制
      - 弧度制
  - 任意角三角函数
    - 定义
      - 正弦函数
      - 余弦函数
      - 正切函数
    - 同角三角函数关系式
    - 诱导公式
    - 图像
      - “五点法”
        - 正弦函数
        - 余弦函数
    - 性质
      - 定义域
      - 值域→有界性
      - 单调性
      - 周期性
      - 奇偶性

知识点及学习要求

知识点	学习要求			
	知识要求		操作要求	
	了解	掌握	会	熟练
第 5 章三角函数				
5.1 角的概念推广				
5.1.1 任意角的概念		√	√	
5.1.2 终边相同的角		√	√	
5.2 弧度制				
5.2.1 弧度制的概念	√		√	
5.2.2 弧度制的应用		√		√
5.3 任意角的正弦函数、余弦函数和正切函数				
5.3.1 任意角的三角函数概念		√		√
5.3.2 三角函数值在各象限中的符号		√		√
5.3.3 界限角的三角函数值		√		√
5.4 同角三角函数的基本关系				
5.4.1 平方关系和商数关系		√		√
5.4.2 已知正弦（余弦）值，求余弦（正弦）值和正切值		√		√
5.4.3 已知正切值，求余弦（正弦）值	√		√	
5.4.4 含有三角函数式子的化简与求值	√		√	
5.5 诱导公式				
5.5.1 $\alpha+k\cdot360°$，$-\alpha$，$180°\pm\alpha$（$k\in Z$）的诱导公式		√	√	
5.5.2 应用诱导公式将任意角的三角函数值转化为锐角三角函数值		√		√
5.5.3 应用诱导公式进行简单三角函数式的化简与求值	√		√	
5.6 三角函数的图像和性质				
5.6.1 正弦函数的图像和性质	√		√	
5.6.2 余弦函数的图像和性质	√		√	
5.7 已知三角函数值求角				
5.7.1 已知三角函数值求指定范围内的角	√		√	

5.1 角的概念推广

5.1.1 任意角的概念

★**选择题 1.**（3 分，难度系数 0.9）

下列角为钝角的是【　　】.

A. 75°　　B. $-165°$　　C. 480°　　D. 150°

★**选择题 2.**（3 分，难度系数 0.9）

240°角的终边在【　　】.

A. 第一象限　　B. 第二象限　　C. 第三象限　　D. 第四象限

★选择题 3. （3 分，难度系数 0.75）

下列说法中，正确的是【　　】.

A. 第一象限的角一定是锐角　　B. 锐角一定是第一象限的角

C. 小于 90°的角一定是锐角　　D. 第一象限的角一定是正角

★填空题 1. （2 分，难度系数 0.75）

当一条射线绕其端点顺时针旋转一周时，所得角的度数为________.

★填空题 2. （2 分，难度系数 0.9）

55°是第________象限角.

填空题 3. （2 分，难度系数 0.6）

时针经过 40 分钟，则分针转过的角度是________.

★解答题 1. （8 分，难度系数 0.9）

在直角坐标系中分别画出下列各角，并指出它们是第几象限的角：

（1）60°；（2）－210°；（3）225°；（4）－300°.

5.1.2　终边相同的角

★选择题 1. （3 分，难度系数 0.9）

已知 $\alpha=750°$，那么角 α 的终边在【　　】.

A. 第一象限　　B. 第二象限

C. 第三象限　　D. 第四象限

选择题 2. （3 分，难度系数 0.75）

在下列各角中，与－120°角的终边相同的角是【　　】.

A. 420°　　B. 240°　　C. 120°　　D. 510°

★选择题 3. （3 分，难度系数 0.9）

已知 $\alpha=2321°$，那么角 α 的终边在【　　】.

A. 第一象限　　B. 第二象限　　C. 第三象限　　D. 第四象限

★**填空题 1.**（2 分，难度系数 0.9）

与 135°终边相同的角的集合为____________.

★**填空题 2.**（2 分，难度系数 0.9）

与 −40°终边相同的角的集合为____________.

★**填空题 3.**（2 分，难度系数 0.9）

在 0°~360°范围内，与 480°角终边相同的角是____________.

填空题 4.（2 分，难度系数 0.75）

在 −360°~360°范围内与 −150°终边相同的角是____________.

解答题 1.（12 分，难度系数 0.75）

在 0°~360°范围内，分别找出与下列各角终边相同的角并判定它们是第几象限角：

（1）405°；　（2）−165°；　（3）1563°；

（4）5421°；　（5）−490°；　（6）−1080°.

5.2 弧度制

5.2.1 弧度制的概念

★**选择题 1.**（3 分，难度系数 0.9）

已知 $\alpha=210°$，那么角 α 用弧度制表示为【　　】.

A. $\frac{6\pi}{7}$　　B. $\frac{7\pi}{6}$　　C. $\frac{7\pi}{12}$　　D. $\frac{12\pi}{7}$

选择题 2.（3 分，难度系数 0.75）

锐角的集合可以写作【　　】.

A. $\left(0,\ \frac{\pi}{2}\right)$　　B. $\left[0,\ \frac{\pi}{2}\right]$　　C. $\left[-\infty,\ \frac{\pi}{2}\right]$　　D. $(0,\ \pi)$

选择题 3.（3 分，难度系数 0.6）

$\frac{26\pi}{3}$角的终边在【　　】.

A. 第一象限　　B. 第二象限　　C. 第三象限　　D. 第四象限

选择题 4. （3 分，难度系数 0.6）

$\frac{21\pi}{4}$角的终边在【　　】.

A. 第一象限　　B. 第二象限　　C. 第三象限　　D. 第四象限

★填空题 1. （2 分，难度系数 0.9）

把下列各角由角度换算为弧度：

$180° =$ ________；$90° =$ ________；$45° =$ ________；$60° =$ ________；

$30° =$ ________；$15° =$ ________；$120° =$ ________；$270° =$ ________.

★填空题 2. （2 分，难度系数 0.9）

把下列各角由弧度化为角度：

$2\pi =$ ________；$\frac{\pi}{2} =$ ________；$\frac{3\pi}{4} =$ ________；$\frac{\pi}{3} =$ ________；

$\frac{\pi}{6} =$ ________；$\frac{\pi}{8} =$ ________；$\frac{5\pi}{6} =$ ________；$\frac{5\pi}{4} =$ ________.

填空题 3. （2 分，难度系数 0.75）

圆内一条弦的长度等于半径的长度，其所对的圆心角等于______度，______弧度.

★解答题 1. （8 分，难度系数 0.9）

用弧度制表示下列各角：

（1）$72°$　　（2）$135°$　　（3）$-120°$　　（4）$330°$.

★解答题 2. （8 分，难度系数 0.9）

用角度制表示下列各角：

（1）$\frac{\pi}{12}$　　（2）$-\frac{7\pi}{4}$　　（3）$-\frac{3\pi}{8}$　　（4）$\frac{2\pi}{5}$.

5.2.2　弧度制的应用

填空题 1. （2 分，难度系数 0.75）

若圆的半径等于 2 厘米，弧 AB 所对的圆心角是 $150°$，弧 AB 的长是________厘米，扇形 OAB 的面积是________平方厘米.

填空题 2.（2 分，难度系数 0.75）

若扇形的半径等于 10 厘米，弧 AB 所对的圆心角是 $60°$，则该扇形的弧长是________厘米，扇形的面积是________平方厘米.

填空题 3.（2 分，难度系数 0.6）

已知 $1°$的圆心角所对的弧长为 1 厘米，那么这个圆的半径是________厘米（精确到 1 厘米）.

解答题 1.（6 分，难度系数 0.75）

一段公路的弯道半径是 40m，转过的圆心角是 $135°$，求这段弯道的长度.

解答题 2.（6 分，难度系数 0.6）

铁路转弯处成圆弧形，圆弧半径为 2km，一列火车以 30km/h 的速度通过，求 10 秒钟火车转过的角度（用弧度表示）.

5.3 任意角的正弦函数、余弦函数和正切函数

5.3.1 任意角的三角函数概念

★选择题 1.（3 分，难度系数 0.9）

若角 α 的终边经过点 $P(2, -3)$，则角 α 的余弦值为【　　】.

A. $\frac{2\sqrt{13}}{13}$　　B. $-\frac{2\sqrt{13}}{13}$　　C. $-\frac{3\sqrt{13}}{13}$　　D. $-\frac{3}{2}$

★选择题 2.（3 分，难度系数 0.9）

若角 θ 的终边经过点 P（5， -2），则角 θ 的正切值为【　　】.

A. $\frac{2\sqrt{29}}{29}$　　B. $-\frac{2\sqrt{29}}{29}$　　C. $-\frac{2}{5}$　　D. $-\frac{5}{2}$

★选择题 3.（3 分，难度系数 0.9）

若角 α 的终边经过点 P（-3，4），则实数 $\sin\alpha$ 的值是【　　】.

A. $-\frac{4}{5}$　　B. $\frac{4}{5}$　　C. $-\frac{3}{5}$　　D. $\frac{3}{5}$

选择题 4. （3 分，难度系数 0.75）

若角 α 的终边经过点 P（0，-3），则下列函数值不存在的为【　　】.

A. $\sin\alpha$　　B. $\cos\alpha$　　C. $-\cos\alpha$　　D. $\tan\alpha$

选择题 5. （3 分，难度系数 0.75）

若角 α 的终边经过点 P（$-a$，a），且 $a\neq0$，则角 α 的余弦值为【　　】.

A. $\frac{\sqrt{2}}{2}$　　B. $-\frac{\sqrt{2}}{2}$　　C. $\pm\frac{\sqrt{2}}{2}$　　D. 以上都不对

★填空题 1. （2 分，难度系数 0.9）

设点 P（1，$\sqrt{3}$）在角 α 的终边上，则 $\sin\alpha=$ ____________，$\tan\alpha=$ ____________.

★填空题 2. （2 分，难度系数 0.9）

设点 P（-1，1）在角 α 的终边上，则 $\cos\alpha=$ ____________，$\tan\alpha=$ ____________.

填空题 3. （2 分，难度系数 0.6）

设角 α 为第一象限的角，点（3，m）在角 α 的终边上，且 $\cos\alpha=\frac{3}{5}$，则 $m=$ ________.

★解答题 1. （6 分，难度系数 0.9）

已知角 α 的终边经过点 P（3，-4），求 $\sin\alpha$、$\cos\alpha$、$\tan\alpha$ 的值.

解答题 2. （6 分，难度系数 0.75）

若点 P（12，m）是角 α 终边上一点，且 $\tan\alpha=\frac{5}{12}$，求 $\sin\alpha$ 和 $\cos\alpha$ 的值.

5.3.2　三角函数值在各象限中的符号

★选择题 1. （3 分，难度系数 0.9）

设 $\sin\alpha>0$，$\cos\alpha<0$，则角 α 为【　　】.

A. 第一象限角　　B. 第二象限角　　C. 第三象限角　　D. 第四象限角

★**选择题 2.**（3 分，难度系数 0.9）

若 $\tan\alpha>0$，则角 α 为【　　】.

A. 第一或第三象限角　　B. 第一或第二象限角

C. 第二或第三象限角　　D. 第二或第四象限角

★**选择题 3.**（3 分，难度系数 0.75）

在 $\triangle ABC$ 中，若 $\cos B<0$，则此三角形必为【　　】.

A. 锐角三角形　B. 直角三角形　C. 钝角三角形　D. 以上均有可能

★**填空题 1.**（2 分，难度系数 0.9）

确定下列三角函数值的正负号：

$\sin168°$__________0，$\cos(-600°)$__________0，$\tan\frac{7\pi}{3}$__________0.

★**填空题 2.**（2 分，难度系数 0.9）

设 $\cos\alpha\tan\alpha<0$，则角 α 在第____________象限.

5.3.3　界限角的三角函数值

解答题 1.（18 分，难度系数 0.75）

求下列各三角函数式的值：

★（1）$6\sin180°-7\cos0°+4\sin90°-3\cos270°$；

★（2）$2\sin30°-4\cos60°+5\tan45°-3\cos30°$；

★（3）$5\sin90°-2\cos0°+\sqrt{3}\tan180°+\cos180°$；

（4）$\cos\frac{\pi}{2}-\tan0+\frac{1}{3}\tan^2\pi-\sin\frac{3\pi}{2}+\cos\pi$；

（5）$3\sin\frac{3\pi}{2}+2\cos\pi-\cos\frac{\pi}{2}+\sqrt{3}\tan0$；

（6）$5\sin\frac{\pi}{2}+\cos0-\frac{4}{5}\tan\pi+4\tan2\pi$.

5.4 同角三角函数的基本关系

5.4.1 平方关系和商数关系

★选择题 1.（3 分，难度系数 0.9）

下列关系正确的是【　　】.

A. $\sin\alpha=\dfrac{\tan\alpha}{\cos\alpha}$　　B. $\tan\alpha=\dfrac{\sin\alpha}{\cos\alpha}$　　C. $\cos\alpha=\dfrac{\tan\alpha}{\sin\alpha}$　　D. $\tan\alpha=\dfrac{\cos\alpha}{\sin\alpha}$

★选择题 2.（3 分，难度系数 0.9）

下列关系正确的是【　　】.

A. $\sin\alpha+\cos\alpha=1$　B. $\cos\alpha+1=\sin\alpha$　C. $\sin^2\alpha-\cos^2\alpha=1$　D. $\sin^2\alpha+\cos^2\alpha=1$

填空题 1.（2 分，难度系数 0.75）

设 $\sin\alpha\cos\alpha=\dfrac{1}{2}$，则 $(\sin\alpha+\cos\alpha)^2=$__________.

5.4.2 已知正弦（余弦）值，求余弦（正弦）值和正切值

★选择题 1.（3 分，难度系数 0.9）

若 $\cos\alpha=\dfrac{4}{5}$，且角 α 为第四象限角，则 $\sin\alpha=$【　　】.

A. $-\dfrac{3}{5}$　　B. $\dfrac{4}{3}$　　C. $\pm\dfrac{3}{4}$　　D. $\pm\dfrac{4}{3}$

★选择题 2.（3 分，难度系数 0.75）

若 $\sin\alpha=\dfrac{1}{2}$，且 $\tan\alpha<0$，则 $\cos\alpha=$【　　】.

A. $\dfrac{\sqrt{3}}{2}$　　B. $\dfrac{3}{4}$　　C. $-\dfrac{\sqrt{3}}{2}$　　D. $-\dfrac{3}{4}$

选择题 3.（3 分，难度系数 0.75）

已知 $\cos\theta=\dfrac{12}{13}$，$\sin\theta=$【　　】.

A. $\dfrac{5}{13}$　　B. $-\dfrac{5}{13}$　　C. $\pm\dfrac{5}{13}$　　D. $\dfrac{1}{13}$

★解答题 1.（6 分，难度系数 0.9）

已知 $\sin\alpha=-\dfrac{4}{5}$，且 α 是第三象限角，求 $\cos\alpha$ 和 $\tan\alpha$ 的值.

★**解答题 2.**（6 分，难度系数 0.9）

已知 $\cos\theta=\frac{1}{2}$，且 θ 是第四象限角，求 $\sin\theta$ 和 $\tan\theta$ 的值．

5.4.3　已知正切值，求余弦（正弦）值

填空题 1.（2 分，难度系数 0.6）

若 $\tan\alpha=-1$，且角 α 是第二象限角．则 $\sin\alpha=$__________，则 $\cos\alpha=$__________.

解答题 1.（6 分，难度系数 0.6）

若 $\tan\alpha=3$，且角 α 是第一象限角．则 $\sin\alpha=$__________，则 $\cos\alpha=$__________.

5.4.4　含有三角函数式子的化简与求值

选择题 1.（3 分，难度系数 0.75）

若 $\sin\alpha+\cos\alpha=0$，则 $\tan\alpha=$【　　】.

A. 1　　B. -1　　C. ±1　　D. 0

★**选择题 2.**（3 分，难度系数 0.75）

若 $\sin\theta=2\cos\theta$，则 $\frac{\sin\theta+\cos\theta}{\sin\theta-\cos\theta}=$【　　】.

A. -3　　B. 3　　C. $\frac{1}{3}$　　D. $-\frac{1}{3}$

解答题 1.（6 分，难度系数 0.6）

化简下列各式：

★（1）$\sqrt{1-\cos^2 80°}$；（2）$\sin\alpha\sqrt{\frac{1}{\sin^2\alpha}-1}$（$\alpha$ 为第二象限角）

★**解答题 2.**（6 分，难度系数 0.75）

已知 $\tan\theta=-2$，求$\dfrac{3\sin\theta+2\cos\theta}{2\sin\theta-\cos\theta}$的值.

5.5 诱导公式

5.5.1 $\alpha+k\times360°$，$-\alpha$，$180°\pm\alpha$（$k\in Z$）的诱导公式

选择题 1.（3 分，难度系数 0.75）

下列等式中正确的是【　　】.

A. $\sin(\alpha+360°)=-\sin\alpha$　　B. $\cos(\alpha+2\pi)=\cos\alpha$

C. $\sin(\alpha-360°)=-\sin\alpha$　　D. $\tan(\alpha+360°)=-\tan\alpha$

填空题 1.（每空 2 分，难度系数 0.6）

（1）$\sin(\alpha+360°)=$____________，$\cos(\alpha-360°)=$____________，$\tan(\alpha+720°)=$____________.

（2）$\sin(-\alpha)=$__________，$\cos(-\alpha)=$__________，$\tan(-\alpha)=$__________.

（3）$\sin(180°+\alpha)=$____________，$\cos(180°-\alpha)=$____________，$\tan(180°+\alpha)=$____________.

5.5.2 应用诱导公式将任意角的三角函数值转化为锐角三角函数值

★**选择题 1.**（3 分，难度系数 0.9）

计算 $\sin150°=$【　　】.

A. $-\dfrac{1}{2}$　　B. $\dfrac{1}{2}$　　C. $\dfrac{\sqrt{3}}{2}$　　D. $-\dfrac{\sqrt{3}}{2}$

★**选择题 2.**（3 分，难度系数 0.9）

计算 $\tan(-45°)=$【　　】.

A. -1　　B. 1　　C. $\dfrac{1}{3}$　　D. $-\dfrac{1}{3}$

选择题 3.（3 分，难度系数 0.75）

$\cos840°$的值是【　　】.

A. $-\dfrac{1}{2}$　　B. $\dfrac{1}{2}$　　C. $\dfrac{\sqrt{3}}{2}$　　D. $-\dfrac{\sqrt{3}}{2}$

★**填空题 1.**（每空 2 分，难度系数 0.6）

(1) $\sin\frac{7\pi}{3}=$________，$\cos\frac{13\pi}{6}=$________，$\tan\frac{9\pi}{4}=$________.

(2) $\sin(-60°)=$________，$\cos(-120°)=$________，$\tan(-150°)=$______.

(3) $\sin135°=$________，$\cos240°=$________，$\tan\frac{4\pi}{3}=$________.

5.5.3　应用诱导公式进行简单三角函数式的化简与求值

选择题 1.（3 分，难度系数 0.75）

化简$\frac{\sin(\pi+\alpha)+\cos(\pi-\alpha)}{\sin(\pi-\alpha)+\cos(2\pi+\alpha)}$的结果是【　　】.

A. -1 或 1　　B. 1　　C. -1　　D. $-\frac{1}{2}$

选择题 2.（3 分，难度系数 0.75）

若 $\sin(\alpha-2\pi)=\frac{3}{5}$，则 $\cos(2\pi+\alpha)\tan(2\pi+\alpha)=$____________.

A. $\frac{3}{4}$　　B. $-\frac{3}{4}$　　C. $\frac{3}{5}$　　D. $-\frac{3}{5}$

解答题 1.（6 分，难度系数 0.6）

化简下列各式：

(1) $\frac{\cos(\pi-\alpha)\tan(2\pi-\alpha)\tan(\pi-\alpha)}{\sin(\pi+\alpha)}$;

(2) $\frac{\sin(2\pi+\alpha)\tan(\pi+\alpha)\tan(\pi-\alpha)}{\cos(\pi+\alpha)\tan(3\pi-\alpha)}$.

5.6　三角函数的图像和性质

5.6.1　正弦函数的图像和性质

★选择题 1.（3 分，难度系数 0.9）

函数 $y=\sin x$ 是【　　】.

A. 奇函数　　B. 偶函数

C. 既是奇函数又是偶函数　　D. 非奇非偶函数

选择题 2.（3 分，难度系数 0.9）

★函数 $y=4\sin x$ 是【　　】.

A. 奇函数　　B. 偶函数

C. 既是奇函数又是偶函数　　D. 非奇非偶函数

选择题3.（3分，难度系数0.6）

函数 $y=\sin x$ 的一个递增区间是【　　】.

A. $\left(-\frac{\pi}{2},\frac{\pi}{2}\right)$　　B.（0，π）　　C. $\left(\frac{\pi}{2},\frac{3\pi}{2}\right)$　　D.（π，2π）

★**选择题4.**（3分，难度系数0.9）

函数 $y=2\sin x+1$ 的最大值是【　　】.

A. 1　　B. 2　　C. 3　　D. 4

★**选择题5.**（3分，难度系数0.9）

函数 $y=3\sin x$ 的最小值是【　　】.

A. 1　　B. -3　　C. 3　　D. 4

★**填空题1.**（每空2分，难度系数0.9）

用"五点法"作正弦函数 $y=\sin x$ 在 $[0, 2\pi]$ 上的简图时，一般先做出对确定图像形状起关键作用的五个点是__________、__________、__________、__________、__________.

★**填空题2.**（每空2分，难度系数0.9）

正弦函数 $y=\sin x$ 的定义域是____________，值域是____________.

★**填空题3.**（每空2分，难度系数0.75）

已知 $\sin x=\frac{a}{2}$，则 a 的取值范围是____________.

解答题1.（6分，难度系数0.6）

用"五点法"作出函数 $y=1+\sin x$ 在 $[0, 2\pi]$ 上的图像

5.6.2　余弦函数的图像和性质

★**选择题1.**（3分，难度系数0.9）

函数 $y=\cos x$ 是【　　】.

A. 奇函数　　B. 偶函数

C. 既是奇函数又是偶函数　　D. 非奇非偶函数

★**选择题2.**（3分，难度系数0.9）

函数 $y=2\cos x$ 是【　　】.

A. 奇函数　　B. 偶函数

C. 既是奇函数又是偶函数　　D. 非奇非偶函数

选择题 3.（3 分，难度系数 0.6）

函数 $y = \cos x$ 的一个递减区间是【　　】.

A. $\left(-\frac{\pi}{2},\frac{\pi}{2}\right)$　　B. $(0, \pi)$　　C. $\left(\frac{\pi}{2}, \frac{3\pi}{2}\right)$　　D. $(\pi, 2\pi)$

选择题 4.（3 分，难度系数 0.9）

函数 $y = 3\cos x + 2$ 的最小值是【　　】.

A. -1　　B. 1　　C. -5　　D. 5

★**选择题 5.**（3 分，难度系数 0.9）

函数 $y = 2\cos x$ 的最大值是【　　】.

A. 1　　B. -2　　C. 2　　D. 4

填空题 1.（每空 2 分，难度系数 0.75）

用"五点法"作正弦函数 $y = \cos x$ 在 $[0, 2\pi]$ 上的简图时，一般先做出对确定图像形状起关键作用的五个点是__________、__________、__________、__________、__________.

★**填空题 2.**（每空 2 分，难度系数 0.9）

正弦函数 $y = \cos x$ 的定义域是__________，值域是__________.

填空题 3.（每空 2 分，难度系数 0.75）

已知 $\cos x = a + 1$，则 a 的取值范围是__________.

解答题 1.（6 分，难度系数 0.6）

用"五点法"作出函数 $y = -\cos x$ 在 $[0, 2\pi]$ 上的图像.

5.7　已知三角函数值求角

5.7.1　已知三角函数值求指定范围内的角

选择题 1.（3 分，难度系数 0.75）

若 A 为 $\triangle ABC$ 内角，且 $\cos A = -\frac{\sqrt{2}}{2}$，则 A 等于【　　】.

A. 30°　　B. 45°　　C. 60°　　D. 135°

选择题 2. （3 分，难度系数 0.75）

在锐角△ABC 中，若 $\sin A=\frac{\sqrt{3}}{2}$，则 A 值为【　　】.

A. 30°　　B. 45°　　C. 60°　　D. 120°

选择题 3. （3 分，难度系数 0.75）

在 $[0,\pi]$ 上，若 $\tan x=\sqrt{3}$，则 x 等于【　　】.

A. 30°　　B. 45°　　C. 60°　　D. 135°

填空题 1. （每空 2 分，难度系数 0.75）

已知特殊三角函数值求指定区间内的角

（1）$\sin x=\frac{\sqrt{2}}{2}$，$x\in[0,2\pi]$，则 x 的取值为____________；

（2）$\sin x=-\frac{1}{2}$，$x\in[0,2\pi]$，则 x 的取值为____________；

（3）$\sin x=\frac{\sqrt{3}}{2}$，$x\in[0,2\pi]$，则 x 的取值为____________.

填空题 2. （每空 2 分，难度系数 0.75）

已知特殊三角函数值求指定区间内的角

（1）$\cos x=-\frac{\sqrt{2}}{2}$，$x\in[0,2\pi]$，则 x 的取值为____________；

（2）$\cos x=\frac{1}{2}$，$x\in[0,2\pi]$，则 x 的取值为____________；

（3）$\cos x=\frac{\sqrt{3}}{2}$，$x\in[0,2\pi]$，则 x 的取值为____________.

解答题 1. （6 分，难度系数 0.6）

已知特殊三角函数值求指定区间内的角：

（1）$\tan x=\sqrt{3}$，$x\in[0,2\pi]$，求 x 的值；

（2）$\tan x=1$，$x\in[0,2\pi]$，求 x 的值；

（3）$\tan x=-\frac{\sqrt{3}}{3}$，$x\in[0,2\pi]$，求 x 的值.

第 5 章三角函数检测试卷

一．单项选择题（本大题共 8 小题，每小题 3 分，共 24 分）

（在每小题给出的四个备选项中，只有一项是符合题目要求的，请将其代码填写在题后的括号内．未选、错选或多选均不得分）．

1. 下列说法中，正确的是【　　】．

A. 第一象限的角一定是锐角　　B. 锐角一定是第一象限的角

C. 第一象限的角一定是正角　　D. 小于 90°的角一定是锐角

2. 150°角的终边落在（　　）内．

A. 第一象限　　B. 第二象限　　C. 第三象限　　D. 第四象限

3. 在下列各角中，与 $-120°$ 角终边相同的角是【　　】．

A. 420°　　B. 240°　　C. 120°　　D. 510°

4. $\frac{5}{12}\pi$ 化成角度是【　　】．

A. 150°　　B. 135°　　C. 75°　　D. 45°

5. $\cos 45° =$【　　】．

A. 0　　B. $\frac{1}{2}$　　C. $\frac{\sqrt{2}}{2}$　　D. $\frac{\sqrt{3}}{2}$

6. 下列等式恒成立的是【　　】．

A. $\cos(-\alpha) = -\cos\alpha$　　B. $\sin(2\pi-\alpha) = -\sin\alpha$

C. $\tan(2\pi-\alpha) = \tan(\pi+\alpha)$　　D. $\cos(2\pi+\alpha) = \cos(\pi-\alpha)$

7. 下列各区间为函数 $y=\cos\alpha$ 的增区间的是【　　】．

A. $\left(-\frac{\pi}{2}, \frac{\pi}{2}\right)$　　B. $(0, \pi)$　　C. $\left(\frac{\pi}{2}, \frac{3\pi}{2}\right)$　　D. $(\pi, 2\pi)$

8. 若角 α 终边上有一点 $P(3, -4)$，则 $\sin\alpha-\cos\alpha =$【　　】．

A. $-\frac{7}{5}$　　B. $\frac{7}{5}$　　C. $\frac{1}{5}$　　D. $-\frac{1}{5}$

二．填空题（本大题共 8 小题，每小题 5 分，共 40 分）

（把答案填在横线上）

9. 与角 30°终边相同的角 α 的集合是__________．

10. 若角 α 是第二象限角，则 $-\alpha$ 是第__________象限角．

11. 已知角 α 的终边经过点 $P(-3, -4)$，则 $\tan\alpha$ 的值是__________．

12. 计算 $\sin 90° + 2\cos 180° - 3\tan 0° + \sin 270° + \cos 360° =$__________．

13. 函数 $y=\sin x$ 与函数 $y=\cos x$ 都是周期函数，它们的周期都是__________．

14. 函数 $y=2\sin x+1$ 的最大值是____________.

15. 已知 $\cos\alpha=-\frac{\sqrt{3}}{2}$，且 $\alpha\in[0,2\pi]$，则 $\alpha=$____________.

16. 角 α 是第二象限角，则式子$\frac{|\sin\alpha|}{\sin\alpha}+\frac{\cos\alpha}{|\cos\alpha|}+\frac{|\tan\alpha|}{\tan\alpha}=$____________.

三. 解答题（本大题共 3 小题，每小题 12 分，共 36 分）

（应写出文字说明、证明过程或演算步骤）

17. （本小题满分 12 分）已知 $\sin\alpha=\frac{4}{5}$，且 α 是第二象限角，求 $\cos\alpha$ 和 $\tan\alpha$ 的值.

18. （本小题满分 12 分）利用“五点法”做函数 $y=1+\sin x$ 在 $[0,2\pi]$ 的图像，并根据图像写出函数的值域和单调减区间.

19. （本小题满分 12 分）已知 $f(\alpha)=\frac{\sin^2(-\alpha-\pi)}{\sin(3\pi-\alpha)-\cos(2\pi-\alpha)}+\frac{\cos(\alpha+4\pi)}{1-\tan(\pi+\alpha)}$

（1）化简 $f(\alpha)$；（4 分）

（2）若 $\alpha=-\frac{2\pi}{3}$，求 $f(\alpha)$ 的值；（4 分）

（3）若 $\alpha\in(\pi,2\pi)$，且 $\sin\alpha=\cos\alpha$，求 $f(\alpha)$ 的值.（4 分）

第 6 章

数　列

知识结构框图

- 数列
  - 数列基础知识
    - 定义
    - 项、通项
    - 表示方法
    - 分类
      - 按项数的多少分为
        - 有穷数列
        - 无穷数列
      - 按前后项的大小分为
        - 递增数列
        - 递减数列
        - 摆动数列
        - 常数列
  - 常用数列
    - 等差数列
      - 定义
      - 通项公式
      - 前 n 项和公式
      - 等差中项
    - 等比数列
      - 定义
      - 通项公式
      - 前 n 项和公式
      - 等比中项

知识点及学习要求

知识点	学习要求			
	知识要求		操作要求	
	了解	掌握	会	熟练
第6章数列				
6.1 数列的概念				
6.1.1 数列的有关概念	√		√	
6.1.2 数列的分类	√		√	
6.1.3 数列的通项公式		√	√	
6.2 等差数列				
6.2.1 等差数列的定义		√		√
6.2.2 等差数列的通项公式		√		√
6.2.3 等差数列的前n项和公式		√		√
6.2.4 等差数列应用举例	√		√	
6.3 等比数列				
6.3.1 等比数列的定义和通项公式		√		√
6.3.2 等比数列的前n项和公式		√	√	

6.1 数列的概念

6.1.1 数列的有关概念

★**填空题1. 找规律填数值**（2分，难度系数0.9）

1，3，（　　），7，9，（　　）…

填空题2. 找规律填数值（2分，难度系数0.75）

1，−2，（　　），−4，5，（　　），…

★**填空题3.**（2分，难度系数0.9）

设数列 $\{a_n\}$ 为"−4，−1，2，5，8，…"，数列中 $a_2=$（　　），$a_5=$（　　）．

6.1.2 数列的分类

★**选择题1.**（3分，难度系数0.9）

下列数列为有穷数列是【　　】．

A. 1，1，1，1，1

B. $1, \frac{1}{2}, \frac{1}{3}, \frac{1}{4}, \cdots$

C. 8，5，2，−1，…

D. 3，−3，3，−3，…

6.1.3　数列的通项公式

★**选择题 1.**（3 分，难度系数 0.75）

数列 1，3，5，7，…的一个通项公式是【　　】.

A. $a_n = 2n + 1$　　B. $a_n = 2n - 1$

C. $a_n = 2^n - 1$　　D. $a_n = 2^n + 1$

★**选择题 2.**（3 分，难度系数 0.9）

已知数列$\{a_n\}$的通项公式 $a_n = n^2 - 1$，则该数列的第 4 项是【　　】.

A. 17　　B. 16　　C. 15　　D. 14

选择题 3.（3 分，难度系数 0.6）

在数列$\{n^2 + 2n\}$中，15 是该数列的【　　】.

A. 第 2 项　　B. 第 3 项　　C. 第 4 项　　D. 第 5 项

填空题 1.（2 分，难度系数 0.75）

数列 1，－1，1，－1，1，－1，…，则 $a_n =$ ________.

★**填空题 2.**（2 分，难度系数 0.75）

数列 2，4，6，8，…的一个通项公式是______.

★**填空题 3.**（2 分，难度系数 0.9）

数列 $a_n = 2n + 5$，则 $a_5 =$ ________.

填空题 4.（2 分，难度系数 0.6）

数列 $a_n = n(n + 1)$ 的第______项是 20.

★**解答题 1.**（6 分，难度系数 0.75）

已知数列$\{a_n\}$的通项公式为 $a_n = (-1)^n n$，写出数列的第 5 项和第 6 项.

★**解答题 2.**（6 分，难度系数 0.75）
数列前四项为 5，10，15，20，…写出数列一个通项公式.

解答题 3.（6 分，难度系数 0.6）
判断 30 是不是数列 $\{n(n-1)\}$ 中的项，如果是，是第几项？

6.2 等差数列

6.2.1 等差数列的定义

★**填空题 1.**（2 分，难度系数 0.9）
已知等差数列 −1，3，7，11，…该等差数列的公差 $d=$______，第 5 项 $a_5=$______.

★**填空题 2.**（2 分，难度系数 0.9）
已知数列 16，13，10，7，…，该等差数列的公差 $d=$____，第 6 项 $a_6=$____.

★**解答题 1.**（6 分，难度系数 0.9）
已知 $\{a_n\}$ 为等差数列，$a_3=-3$，公差 $d=5$，写出这个数列第 5 项.

★**解答题 2.**（6 分，难度系数 0.75）
写出等差数列 2，5，8，11，…的第 7 项.

6.2.2 等差数列的通项公式

★选择题 1. （3 分，难度系数 0.75）

35 是等差数列 -1，3，7，11，…的【　　】.

A. 第 8 项　　B. 第 9 项　　C. 第 10 项　　D. 第 11 项

选择题 2. （3 分，难度系数 0.75）

等差数列第 1 项是 7，第 9 项是 1，则它的第 5 项是【　　】.

A. 2　　B. 3　　C. 4　　D. 6

选择题 3. （3 分，难度系数 0.75）

等差数列 1，-1，-3，-5，…那么 -69 的项数是（　　）.

A. 34　　B. 35　　C. 36　　D. 37

★解答题 1. （6 分，难度系数 0.9）

在等差数列 $\{a_n\}$ 中，已知 $a_1=-2$，$d=3$，求 a_{10}.

★解答题 2. （6 分，难度系数 0.75）

在等差数列 $\{a_n\}$ 中，已知 $a_1=7$，$a_n=27$，$d=2$，求 n.

★解答题 3. （6 分，难度系数 0.75）

在等差数列 $\{a_n\}$ 中，已知 $a_1=12$，$a_5=24$，求 d.

★**解答题 4.** （6 分，难度系数 0.75）

在等差数列 $\{a_n\}$ 中，已知 $d=-\frac{1}{3}$，$a_7=8$，求 a_1.

解答题 5. （6 分，难度系数 0.6）

在等差数列 $\{a_n\}$ 中，已知 $a_3=9$，$a_9=3$，求 a_{12}.

6.2.3 等差数列的前 n 项和公式

★**选择题 1.** （3 分，难度系数 0.75）

前 20 个正整数的和等于【　　】.

A. 201　　B. 210　　C. 215　　D. 220

★**选择题 2.** （3 分，难度系数 0.75）

在等差数列 $\{a_n\}$ 中，已知 $S_3=15$，则 a_2 等于【　　】.

A. 3　　B. 4　　C. 5　　D. 6

★**填空题 1.** （2 分，难度系数 0.9）

在等差数列 $\{a_n\}$ 中，$a_1=5$，$a_{10}=95$，则 $S_{10}=$________.

填空题 2. （2 分，难度系数 0.75）

在等差数列 $\{a_n\}$ 中，$a_1=100$，$d=-2$，则 $S_{50}=$________.

★**解答题 1.** （6 分，难度系数 0.9）

在等差数列 $\{a_n\}$ 中，$a_1=4$，$a_6=16$，求 S_6.

★**解答题 2.**（6 分，难度系数 0.75）

在等差数列 $\{a_n\}$ 中，$a_1=2$，$d=-1$，求 S_{12}.

解答题 3.（6 分，难度系数 0.60）

等差数列 -10，-6，-2，2，…前多少项的和是 54？

解答题 4.（6 分，难度系数 0.75）

设等差数列 $\{a_n\}$ 的通项公式 $a_n=3n-2$，求它的前 n 项和公式.

6.2.4 等差数列应用举例

解答题 1.（6 分，难度系数 0.75）

一个屋顶的某一个斜面成等腰梯形，最上面一层铺了瓦片 21 块，往下每一层多铺 1 块，斜面上铺了瓦片 19 层，共铺瓦片多少块？

★**解答题 2.**（6 分，难度系数 0.75）

一个剧场设置了 20 排座位，第一排有 38 个座位，往后每一排都比前一排多 2 个座位，这个剧场一共设置了多少个座位？

6.3 等比数列

6.3.1 等比数列的定义和通项公式

★选择题 1.（3 分，难度系数 0.9）

在等比数列 $\{a_n\}$ 中，已知 $a_1=3$，$q=2$，则 a_4 为（　　）.

A. 23　　B. 24　　C. 25　　D. 26

★选择题 2.（3 分，难度系数 0.75）

在等比数列 $\{a_n\}$ 中，已知 $a_1=5$，$q=-2$，则此 a_n 为（　　）.

A. $a_n=5+(n-1)(-2)$　　B. $a_n=5\cdot(n-1)(-2)$

C. $a_n=5\cdot 2^{(n-1)}$　　D. $a_n=5\cdot(-2)^{(n-1)}$

选择题 3.（3 分，难度系数 0.75）

首项为 5，末项为 160，公比为 2 的等比数列共有（　　）.

A. 4 项　　B. 5 项　　C. 6 项　　D. 7 项

★填空题 1.（2 分，难度系数 0.9）

已知等比数列 1，−4，16，−64，…此等比数列公比 $q=$______.

★填空题 2.（2 分，难度系数 0.9）

等比数列 1，2，4，…的通项公式为 $a_n=$______，$a_5=$______.

★填空题 3.（2 分，难度系数 0.9）

在等比数列 $\{a_n\}$ 中，$a_5=4$，$a_7=6$，则 $a_9=$______.

解答题 1.（6 分，难度系数 0.75）

写出等比数列$\frac{2}{3}$，$\frac{1}{2}$，$\frac{3}{8}$，…的通项公式，并求这个数列的第 5 项.

解答题 2.（6 分，难度系数 0.75）

在 3 和 48 之间插入 3 个数，使这 5 个数成等比数列，求插入的 3 个数.

解答题 3. （6 分，难度系数 0.75）

在等比数列 $\{a_n\}$ 中，已知 $a_2=18$，$a_4=8$，求 a_1 与 q.

6.3.2 等比数列的前 *n* 项和公式

选择题 1. （3 分，难度系数 0.75）

等比数列 2，4，8，…的前 7 项和是（　　）.

A. 2^6-2　　B. 2^7-2　　C. 2^8-2　　D. 2^9-2

★选择题 2. （3 分，难度系数 0.75）

在等比数列 $\{a_n\}$ 中，$a_1=2$，$q=3$，则 $S_4=$（　　）.

A. 81　　B. 80　　C. 26　　D. -26

选择题 3. （3 分，难度系数 0.6）

在等比数列 $\{a_n\}$ 中，$a_1=14$，$a_4=112$，则 $S_4=$（　　）.

A. -64　　B. 63　　C. -210　　D. 210

填空题 1. （2 分，难度系数 0.75）

在等比数列 $\{a_n\}$ 中，$a_1=3$，$n=6$，$q=2$，则 $S_n=$____.

填空题 2. （2 分，难度系数 0.60）

在等比数列 $\{a_n\}$ 中，$a_3=9$，$a_6=243$，则 $S_6=$____.

★解答题 1. （6 分，难度系数 0.75）

等比数列 $\{a_n\}$ 中，$a_1=1$，$q=-2$，求其前 8 项的和.

第 6 章数列检测试卷

一. 单项选择题（本大题共 8 小题，每小题 3 分，共 24 分）

（在每小题给出的四个备选项中，只有一项是符合题目要求的，请将其代码填写在题后的括号内. 未选、错选或多选均不得分）

1. 数列 −3，3，−3，3，…的一个通项公式是（　　）.

A. $a_n=3(-1)^{n+1}$　　B. $a_n=3(-1)^n$　　C. $a_n=3-(-1)^n$　　D. $a_n=3+(-1)^n$

2. 若数列 $\{a_n\}$ 的通项公式是 $a_n=2n+5$，则此数列是（　　）.

A. 公差为 2 的等差数列　　B. 公差为 5 的等差数列

C. 首项为 5 的等差数列　　D. 公差为 n 的等差数列

3. 若数列 $\{a_n\}$ 的通项公式是 $a_n=2n$，则 $a_8=$（　　）.

A. 8　　B. 16　　C. 10　　D. 14

4. 在等差数列 $\{a_n\}$ 中，已知 $a_4+a_5=12$，那么它的前 8 项和 S_8 等于（　　）.

A. 12　　B. 24　　C. 36　　D. 48

5. 在等比数列 $\{a_n\}$ 中，$2a_4=a_5+a_6$，则公比 q 等于（　　）.

A. 1 或 2　　B. −1 或 −2　　C. 1 或 −2　　D. −1 或 2

6. 在等比数列 3，x，27 中，x 的值是（　　）.

A. 15　　B. −9　　C. 9　　D. ±9

7. 在数列 $\{n^2-3n\}$ 中，10 是该数列的（　　）.

A. 第 3 项　　B. 第 5 项　　C. 第 6 项　　D. 第 7 项

8. 数列 1，−3，5，−7，…则第 2015 项是（　　）.

A. 4029　　B. −4029　　C. 4027　　D. −4027

二. 填空题（本大题共 8 小题，每小题 5 分，共 40 分）（把答案填在横线上）

9. 已知 $a_n=\dfrac{2}{n+1}$，则 $a_6=$ ____________.

10. 2 与 8 的等差中项是____________.

11. 已知等比数列中，$a_n=0.5\times3^{n-1}$，则公比 $q=$ __________.

12. 在数列 $\{a_n\}$ 中，$a_1=1$，且 $a_n-a_{n-1}=-2$，则 $a_{10}=$ ____________.

13. 已知等比数列中，$a_1=3$，$q=2$，则 $S_4=$ ____________.

14. $1+2+3+4+\cdots+100=$ ________.

15. 已知数列 $\{a_n\}$ 满足中 $a_{n+1}+3a_n=0$，且 $a_1=3$，则数列 $\{a_n\}$ 的通项公式是________________.

16. 在等比数列 $\{a_n\}$ 中，$a_1=\dfrac{9}{8}$，$a_n=\dfrac{1}{3}$，公比 $q=\dfrac{2}{3}$，则 $n=$ __________.

三. 解答题（本大题共 3 小题，每小题 12 分，共 36 分）（应写出文字说明、证明过程或演算步骤）

17. （本小题满分 12 分）解答下列问题：

（1）求等差数列 8，5，2，…的第 20 项；

（2）求等比数列 1，$\frac{1}{2}$，$\frac{1}{4}$，$\frac{1}{8}$，…的第 6 项及前 6 项的和 .

18. （本小题满分 12 分）已知等差数列 $\{a_n\}$ 的公差 $d=1$，若 1，a_1，a_3 构成等比数列，求此数列 $\{a_n\}$ 的通项公式以及 S_5.

19. （本小题满分 12 分）若等差数列 $\{a_n\}$ 前 n 项和为 S_n，已知 $a_{10}=30$，$a_{20}=50$，

（1）（2 分）求数列通项 a_n；

（2）（4 分）求该数列前 10 项的和；

（3）（6 分）若 $S_n=242$，求 n.

第 7 章

平面向量

知识结构框图

- 平面向量
  - 向量的基本概念
    - 零向量、单位向量
    - 平行（共线）向量
    - 相等向量
    - 表示
      - 字母表示
      - 几何表示
      - 坐标表示
  - 线性运算
    - 向量的加法
      - 平行四边形法则
      - 三角形法则
      - 坐标运算
    - 向量的减法
      - 三角形法则
      - 坐标运算
    - 数与向量的乘法
      - 几何运算
      - 坐标运算
  - 向量的内积
    - 向量的夹角
    - 定义
    - 性质
    - 运算
      - 几何运算
      - 坐标运算

知识点及学习要求

知　识　点	学习要求			
	知识要求		操作要求	
	了解	掌握	会	熟练
第 7 章平面向量				
7.1 平面向量的概念及线性运算				
7.1.1 平面向量的概念				
向量的要素	√			
向量的模		√	√	
向量的几何表示		√		√
向量的几何意义	√			
共线向量概念		√	√	
共线向量判断		√		√
同向向量	√		√	
向量相等		√		
互为负向量	√			√
反向向量		√	√	
7.1.2 平面向量的线性运算				
向量的加法法则	√			√
向量的减法法则	√		√	
数与向量的积	√		√	
7.2 平面向量的坐标表示				
（起点在原点的）向量的坐标		√		√
起点在任意点的向量的坐标		√		√
向量线性运算的坐标表示		√		√
共线向量的坐标	√		√	
7.3 平面向量的内积				
7.3.1 向量的夹角		√		√
7.3.2 向量的内积		√	√	

7.1　平面向量的概念及线性运算

7.1.1　平面向量的概念

★选择题 1.（3 分，难度系数 0.9）

下列说法正确的是【　　】.

A. 向量是有大小、方向和起点的量　　B. 向量是有大小和方向的量

C. 向量是有大小的量　　D. 向量是有方向的量

★选择题 2.（3 分，难度系数 0.9）

下列说法正确的是【　　】.

A. 向量的模是指向量的方向

B. 向量的模是指向量的起点

C. 向量的模是指向量的长度（大小）

D. 向量的模是指的方向和大小

★**选择题 3.** （3 分，难度系数 0.7）

向量的几何表示是【　　】.

A. 有固定起点的有向线段

B. 有向线段

C. 有箭头的线段

D. 带（方向）箭头的有向线段

选择题 4. （3 分，难度系数 0.9）

向量的几何意义是【　　】.

A. 位移　　B. 距离　　C. 路程　　D. 方向

选择题 5. （3 分，难度系数 0.9）

★下列说法正确的是【　　】.

A. 共线向量是指它们都在同一直线上

B. 共线向量是指它们的方向相同

C. 共线向量是指它们可以平移到同一直线上

D. 共线向量是指它们构成一条直线

选择题 6. （3 分，难度系数 0.75）

两个向量互为同向向量是指【　　】.

A. 它们的大小相同

B. 它们的方向相同

C. 它们的大小和方向都相同

D. 它们的大小相等且方向相同

★**选择题 7.** （3 分，难度系数 0.9）

两个向量相等是指【　　】.

A. 它们的大小相等

B. 它们的方向相同

C. 它们的大小或者方向相同

D. 它们的大小相等且方向相同

选择题 8. （3 分，难度系数 0.75）

两个向量互为负（相反）向量是指【　　】.

A. 它们的大小相反

B. 它们的方向相反

C. 它们的大小和方向都相反

D. 它们的大小相等且方向相反

选择题 9. （3 分，难度系数 0.9）

两个向量互为反向向量是指【　　】.

A. 它们的大小相反

B. 它们的方向相反

C. 它们的大小和方向都相反

D. 它们的大小相等且方向相反

★**填空题 1.**（2 分，难度系数 0.9）

向量是有________的量.

★**填空题 2.**（2 分，难度系数 0.9）

向量的模表示的是________.

★**填空题 3.**（2 分，难度系数 0.75）

若向量$\overrightarrow{AB}$与$\overrightarrow{CD}$是共线的向量，则$\overrightarrow{BA}$与$\overrightarrow{DC}$是____________的向量.

★**填空题 4.**（2 分，难度系数 0.75）

若向量$\overrightarrow{AB}$与$\overrightarrow{CD}$是同向的向量，则$\overrightarrow{BA}$与$\overrightarrow{DC}$是__________的向量.

★**填空题 5.**（2 分，难度系数 0.75）

若向量$\overrightarrow{AB}$与$\overrightarrow{CD}$是相等的向量，则$\overrightarrow{BA}$与$\overrightarrow{DC}$是__________的向量.

填空题 6.（2 分，难度系数 0.75）

若向量$\overrightarrow{AB}$与$\overrightarrow{CD}$是同向的向量，则$\overrightarrow{AB}$与$\overrightarrow{DC}$是__________的向量.

填空题 7.（2 分，难度系数 0.75）

若向量$\overrightarrow{AB}$与$\overrightarrow{CD}$是相等的向量，则$\overrightarrow{AB}$与$\overrightarrow{DC}$互为__________向量.

填空题 8.（2 分，难度系数 0.75）

若向量$\overrightarrow{AB}=\lambda\ \overrightarrow{CD}$，则$\overrightarrow{AB}=$____$\lambda\ \overrightarrow{DC}$.

填空题 9.（2 分，难度系数 0.75）

若向量$\overrightarrow{AB}=\overrightarrow{CD}$，则$\overrightarrow{AB}=$____$\overrightarrow{DC}$.

7.1.2　平面向量的线性运算

★**选择题 1.**（3 分，难度系数 0.9）

$\overrightarrow{AB}+\overrightarrow{BC}+\overrightarrow{CD}=$【　　】.

A. $\overrightarrow{AB}$　　B. $\overrightarrow{AC}$　　C. $\overrightarrow{AD}$　　D. $\overrightarrow{0}$

★**选择题 2.**（3 分，难度系数 0.75）

$\overrightarrow{AB}-\overrightarrow{CB}=$【　　】.

A. $\overrightarrow{AB}$　　B. $\overrightarrow{AC}$　　C. $\overrightarrow{AD}$　　D. $\overrightarrow{0}$

★**选择题 3.**（3 分，难度系数 0.75）

$\overrightarrow{AB}+\overrightarrow{BC}+\overrightarrow{CD}+\overrightarrow{DA}=$【　　】.

A. $\overrightarrow{AB}$　　B. $\overrightarrow{AC}$　　C. $\overrightarrow{AD}$　　D. $\overrightarrow{0}$

★**填空题 1.**（2 分，难度系数 0.75）

$\overrightarrow{AB}+\overrightarrow{BC}+\overrightarrow{CD}+\overrightarrow{DF}=$__________.

★**填空题 2.**（2 分，难度系数 0.6）

$\overrightarrow{AB}+\overrightarrow{BC}+\overrightarrow{CD}-\overrightarrow{AD}=$__________.

★**填空题 3.**（2 分，难度系数 0.6）

$\overrightarrow{AB}-\overrightarrow{CB}-\overrightarrow{DC}=$__________.

7.2　平面向量的坐标表示

★**选择题 1.**（3 分，难度系数 0.9）

始点在点（−1，2），终点（1，−2）在的向量的坐标是【　　】.

A.（0，0）　　B.（−2，4）　　C.（2，−4）　　D.（−2，−4）

★**选择题 2.**（3 分，难度系数 0.75）

始点在原点，终点（−1，2）在的向量的坐标是【　　】.

A.（1，−2）　　B.（−1，2）　　C.（−1，−2）　　D.（1，2）

★**选择题 3.**（3 分，难度系数 0.75）

已知：向量 $\overrightarrow{a}=(-1,2)$，$\overrightarrow{b}=(1,-2)$，则向量 $\overrightarrow{a}+\overrightarrow{b}=$【　　】.

A.（0，0）　　B.（−2，4）　　C.（2，−4）　　D.（−2，−4）

★**选择题 4.**（3 分，难度系数 0.75）

已知：向量 $\overrightarrow{a}=(-1,2)$，$\overrightarrow{b}=(1,-2)$，则向量 $\overrightarrow{a}-\overrightarrow{b}=$【　　】.

A.（0，0）　　B.（−2，4）　　C.（2，−4）　　D.（−2，−4）

★**选择题 5.**（3 分，难度系数 0.75）

已知：向量 $\overrightarrow{a}=(-1,2)$，则向量 $-2\overrightarrow{a}=$【　　】.

A.（0，0）　　B.（−2，4）　　C.（2，−4）　　D.（−2，−4）

选择题 6. （3 分，难度系数 0.75）

若向量 $\overrightarrow{a}=(x_1,y_1)$，$\overrightarrow{b}=(x_2,y_2)(x_2\cdot y_2\neq 0)$是同向的向量，则$\frac{x_1}{x_2}=\frac{y_1}{y_2}$且【　　】.

A. $\frac{x_1}{x_2}>0$

B. $\frac{x_1}{x_2}=0$

C. $\frac{x_1}{x_2}<0$

D. 不能确定符号，但$\frac{x_1}{x_2}\in R$

选择题 7. （3 分，难度系数 0.6）

若向量 $\overrightarrow{a}=(x_1,y_1)$，$\overrightarrow{b}=(x_2,y_2)(x_2\cdot y_2\neq 0)$是反向的向量，则$\frac{x_1}{x_2}=\frac{y_1}{y_2}$且【　　】.

A. $\frac{x_1}{x_2}>0$

B. $\frac{x_1}{x_2}=0$

C. $\frac{x_1}{x_2}<0$

D. 不能确定符号，但$\frac{x_1}{x_2}\in R$

选择题 8. （3 分，难度系数 0.75）

若向量 $\overrightarrow{a}=(x_1,y_1)$，$\overrightarrow{b}=(x_2,y_2)(x_2\cdot y_2\neq 0)$是共线的向量，则$\frac{x_1}{x_2}=\frac{y_1}{y_2}=$且【　　】.

A. $\frac{x_1}{x_2}>0$

B. $\frac{x_1}{x_2}=0$

C. $\frac{x_1}{x_2}<0$

D. 不能确定符号，但$\frac{x_1}{x_2}\in R$

填空题 1. （2 分，难度系数 0.75）

向量的坐标是指向量的终点与其始点对应坐标的________.

★**填空题 2.** （2 分，难度系数 0.75）

已知：向量 $\overrightarrow{a}=(-1,2)$，若 $\overrightarrow{a}=\overrightarrow{b}$，则向量 $\overrightarrow{b}=$________.

填空题 3. （2 分，难度系数 0.75）

在坐标表示下，两个向量相等的充分必要条件是________.

填空题 4. （2 分，难度系数 0.75）

在坐标表示下，两个向量共线的充分必要条件是________.

7.3 平面向量的内积

7.3.1 向量的夹角

★选择题 1.（3 分，难度系数 0.9）

两个向量之间的夹角是【　　】.

A. 两个向量构成的角

B. 两个向量当始点重合时构成的角

C. 两个向量构成的较小角

D. 两个向量当始点重合时构成的那个较小的非负角

选择题 2.（3 分，难度系数 0.75）

两个向量之间的夹角范围是【　　】.

A. $(0, \pi)$　　B. $[0, \pi)$　　C. $(0, \pi]$　　D. $[0, \pi]$

选择题 3.（3 分，难度系数 0.75）

表示两个向量 $\vec{a}$ 与 $\vec{b}$ 之间的夹角的是【　　】.

A. $(\vec{a}, \vec{b})$　　B. $[\vec{a}, \vec{b}]$　　C. $\{\vec{a}, \vec{b}\}$　　D. $\langle \vec{a}, \vec{b} \rangle$

7.3.2 向量的内积

★选择题 1.（3 分，难度系数 0.9）

向量 $\vec{a}=(-3,4)$ 的模 $|\vec{a}|$ =【　　】.

A. 3　　B. 4　　C. 5　　D. 6

★选择题 2.（3 分，难度系数 0.9）

已知向量 $\vec{a}=(3,4)$，向量 $\vec{b}=(0,-2)$，则 $\cos\langle \vec{a}, \vec{b} \rangle$ 的值为【　　】.

A. $\frac{4}{5}$　　B. $-\frac{4}{5}$　　C. $\frac{2}{25}$　　D. $-\frac{2}{25}$

选择题 3.（3 分，难度系数 0.6）

已知一条 l 轴，$|\vec{a}|=6$，l 的正方向与 $\vec{a}$ 的夹角为 $120°$，则 $\vec{a}$ 在 l 上的投影为【　　】.

A. 3　　B. $\sqrt{3}$　　C. $2\sqrt{3}$　　D. -3

选择题 4.（3 分，难度系数 0.6）

已知向量 $\vec{a}=(5,8)$，向量 $\vec{b}=(2,3)$，向量 $\vec{c}=(1,-2)$，则 $(\vec{a}\cdot\vec{b})\cdot\vec{c}$ =【　　】.

A. $(34, -68)$　　B. 34　　C. -34　　D. 31

选择题 5.（3 分，难度系数 0.6）

已知 $\vec{a}=(-\sqrt{3},-1)$，$\vec{b}=(1,\sqrt{3})$，$\langle\vec{a},\vec{b}\rangle$ =【　　】.

A. 30°　　B. 60°　　C. 120°　　D. 150°

★选择题 6.（3 分，难度系数 0.75）

已知向量 $\vec{a}=(-2,3)$，向量 $\vec{b}=(1,5)$，则 $3\vec{a}+\vec{b}$ 等于【　　】.

A.（−5，14）　　B.（5，14）　　C.（7，4）　　D.（5，9）

★填空题 1.（2 分，难度系数 0.9）

向量内积（数积，点乘积）的定义式是_________.

★填空题 2.（2 分，难度系数 0.9）

确定向量 $\vec{a}$ 的模的计算公式是_________.

★填空题 3.（2 分，难度系数 0.9）

若向量 $\vec{a}=(x_1,y_1)$，则模 $|\vec{a}|$ 的计算公式是_________.

填空题 4.（2 分，难度系数 0.75）

两个向量 $\vec{a}$ 与 $\vec{b}$ 相互垂直的充分必要条件是_________.

★填空题 5.（2 分，难度系数 0.9）

两个向量 $\vec{a}=(x_1, y_1)$ 与 $\vec{b}=(x_2, y_2)$ 的内积（数积，点乘积）的计算式是_______.

填空题 6.（2 分，难度系数 0.75）

确定两个向量 $\vec{a}$ 与 $\vec{b}$ 之间夹角余弦值的方法是_________.

填空题 7.（2 分，难度系数 0.6）

确定两个向量 $\vec{a}=(x_1, y_1)$ 与 $\vec{b}=(x_2, y_2)$ 之间夹角余弦值的方法是_________.

★填空题 8.（2 分，难度系数 0.75）

已知 $\vec{a}=(3, -2)$，$\vec{b}=(-5, 4)$，则 $\vec{a}\cdot\vec{b}=$_________.

填空题 9.（2 分，难度系数 0.6）

若向量 $\vec{a}=(x, 2)$，$\vec{b}=(-2, 4)$，且 $\vec{a}$，$\vec{b}$ 共线，则 $x=$_______.

填空题 10. （2 分，难度系数 0.6）

已知向量 $\vec{a}=(3,\ 2)$，$\vec{b}=(-4,\ x)$，且 $\vec{a}\perp\vec{b}$，则 $x=$ ________。

填空题 11. （2 分，难度系数 0.6）

已知 $\vec{a}=(1,\ 2)$，$\vec{b}=(-2,\ 3)$，则 $(\vec{a}+\vec{b})\cdot(\vec{a}-\vec{b})=$ ________.

★**解答题 1.** （6 分，难度系数 0.75）

已知向量 $\vec{a}=(4,\ 3)$，$\vec{b}=(5,\ y)$，且 $\vec{a}$ 与 $\vec{b}$ 共线，求 y.

解答题 2. （6 分，难度系数 0.6）

已知 $|\vec{a}|=3$，$|\vec{b}|=2$，$\vec{a}$ 与 $\vec{b}$ 的夹角为 30°，求 $(2\vec{a}+\vec{b})\cdot\vec{b}$，$|\vec{a}+\vec{b}|^2$.

★**解答题 3.** （6 分，难度系数 0.75）

已知向量 $\vec{a}=(4,\ 3)$，$\vec{b}=(5,\ y)$，且 $\vec{a}$ 与 $\vec{b}$ 垂直，求 y.

解答题 4. （12 分，难度系数 0.6）

设 $|\vec{a}|=7$，$|\vec{b}|=8$，$\vec{a}$ 与 $\vec{b}$ 的夹角为 60°.

★（1）求 $\vec{a}\cdot\vec{b}$ 的值；

（2）求 $|\vec{a}+\vec{b}|$ 及 $|\vec{a}-\vec{b}|$ 的值。

解答题 5.（12 分，难度系数 0.6）

已知平面向量$\overrightarrow{a}=(3,\ -4)$，$\overrightarrow{b}=(2,\ x)$，$\overrightarrow{c}=(2,\ y)$，若$\overrightarrow{a}/\!/\overrightarrow{b}$，$\overrightarrow{a}\perp\overrightarrow{c}$.

（1）求向量$\overrightarrow{b}$，$\overrightarrow{c}$的坐标；

（2）求向量$\overrightarrow{b}$及$\overrightarrow{c}$的夹角.

第7章平面向量检测试卷

一．单项选择题（本大题共8小题，每小题3分，共24分.）

（在每小题给出的四个备选项中，只有一项是符合题目要求的，请将其代码填写在题后的括号内．未选、错选或多选均不得分）

1. 下列说法正确的是【　　】.

A. 向量是有大小和起点的量　　B. 向量是有大小和方向的量

C. 向量是有大小的量　　D. 向量是有方向的量

2. 已知 $\overrightarrow{a}=(4,\ 5)$，$\overrightarrow{b}=(-3,\ 4)$，则 $\overrightarrow{a}-\overrightarrow{b}$ 的坐标为【　　】.

A.（7，1）　　B.（−7，1）　　C.（−7，−1）　　D.（1，1）

3. 向量 $\overrightarrow{a}=(-2,\ 3)$ 的模 $|\overrightarrow{a}|=$【　　】.

A. 6　　B. 1　　C. $\sqrt{13}$　　D. 5

4. 下列命题正确的个数是（　　）.

① $\overrightarrow{AB}+\overrightarrow{BA}=0$　　② $\overrightarrow{0}\cdot\overrightarrow{AB}=\overrightarrow{0}$

③ $\overrightarrow{AB}-\overrightarrow{AC}=\overrightarrow{BC}$　　④ $\overrightarrow{0}\cdot\overrightarrow{AB}=0$

A. 1　　B. 2　　C. 3　　D. 4

5. 化简 $\overrightarrow{OP}-\overrightarrow{MP}+\overrightarrow{PS}+\overrightarrow{SP}$ 的结果等于【　　】.

A. $\overrightarrow{MP}$　　B. $\overrightarrow{OM}$　　C. $\overrightarrow{SP}$　　D. $\overrightarrow{SM}$

6. 已知向量 $\overrightarrow{a}=(5,\ -2)$，$\overrightarrow{b}=(-4,\ x)$，且 $\overrightarrow{a}\perp\overrightarrow{b}$，则 $x=$【　　】.

A. 10　　B. −10　　C. $\frac{8}{5}$　　D. $-\frac{8}{5}$

7. 已知 $\overrightarrow{a}=(\sqrt{3},\ -1)$，$\overrightarrow{b}=(1,\ -\sqrt{3})$，则 $\overrightarrow{a}$ 与 $\overrightarrow{b}$ 的夹角是【　　】.

A. 60°　　B. 30°　　C. 120°　　D. 150°

8. 在 ΔABC 中，若 $|\overrightarrow{AB}|=3$，$|\overrightarrow{AC}|=4$，$\angle BAC=60°$，则 $\overrightarrow{BA}\cdot\overrightarrow{AC}=$【　　】.

A. 6　　B. 4　　C. −6　　D. −4

二．填空题（本大题共8小题，每小题5分，共40分）（把答案填在横线上）

9. 已知向量 $\overrightarrow{OA}=(3,\ -7)$，$\overrightarrow{OB}=(-6,\ 8)$，则 $\overrightarrow{AB}=$________.

10. 已知向量 $\overrightarrow{a}=(-2,\ 3)$，向量 $\overrightarrow{b}=(1,\ 5)$，则 $3\overrightarrow{a}+4\overrightarrow{b}$ 等于________.

11. 已知 $\overrightarrow{a}=(4,\ -3)$，$\overrightarrow{b}=(-5,\ -4)$，则 $\overrightarrow{a}\cdot\overrightarrow{b}=$________.

12. 若向量 $\overrightarrow{a}=(x,\ 3)$，$\overrightarrow{b}=(-1,\ 6)$，且 $\overrightarrow{a}$，$\overrightarrow{b}$ 共线，则 $x=$________.

13. 已知$\vec{a}=(1,\ 2)$，$\vec{b}=(2x,\ -3)$，且$\vec{a}\perp\vec{b}$，则$x=$________.

14. 已知$|\vec{a}|=\sqrt{3}$，$|\vec{b}|=2\sqrt{3}$，$\vec{a}\cdot\vec{b}=-3$，则a与b的夹角是________.

15. 已知向量$\vec{a}=(-8,\ 6)$，向量$\vec{b}=(0,\ -2)$，则$\cos\langle\vec{a},\vec{b}\rangle$的值为________.

16. 平面向量$\vec{a}$，$\vec{b}$中，若$\vec{a}=(4,\ -3)$，$|\vec{b}|=1$，且$\vec{a}\cdot\vec{b}=5$，则向量$\vec{b}=$________.

三. 解答题（本大题共3小题，每小题12分，共36分）（应写出文字说明、证明过程或演算步骤）

17.（本小题满分12分）解答下列问题：

设$|\vec{a}|=7$，$|\vec{b}|=2$，$\vec{a}$与$\vec{b}$的夹角为60°.

（1）求$\vec{a}\cdot\vec{b}$的值；（4分）

（2）求$|\vec{a}+\vec{b}|$及$|\vec{a}-\vec{b}|$的值.（8分）

18.（本小题满分12分）解答下列问题：

已知平面向量$\vec{a}=(-3,\ 4)$，$\vec{b}=(x,\ 2)$，$\vec{c}=(4,\ y)$，若$\vec{a}/\!/\vec{b}$，$\vec{a}\perp\vec{c}$.

（1）求向量$\vec{b}$，$\vec{c}$的坐标；（6分）

（2）求向量$\vec{b}$和$\vec{c}$的夹角.（6分）

19.（本小题满分 12 分）解答下列问题：

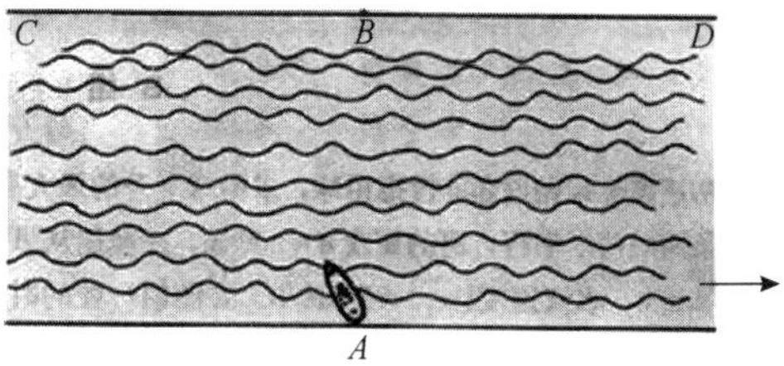

如图，一条河的两岸平行，河水自西向东流。河的宽度 $d=480\text{m}$，一艘船从 A 出发到河对岸。已知船的速度 $a=13\text{km/h}$，水流速度 $b=5\text{km/h}$。

（1）若船从 A 点垂直于河岸行驶，则船在水流作用下行驶的实际速度是多少？（6 分）

（2）已知把船行驶的方向向西边调整一定角度，使得船在水流作用下的实际行驶方向垂直于河对岸时，才能够使行驶航程最短，求航程最短时所用的时间．（6 分）

第 8 章

直线和圆的方程

知识结构框图

- 直线和圆的方程
  - 直线
    - 直线的倾斜角与斜率
    - 直线的方程
      - 点斜式
      - 斜截式
      - 一般式
    - 两直线的位置关系
      - 相交
        - 相交的判定与求交点
        - 垂直的判定条件
      - 平行→平行的判定条件
      - 重合→重合的判定条件
    - 点与直线的位置关系
      - 点在直线上的条件
      - 点到直线的距离公式
  - 圆
    - 圆的定义
    - 圆的方程
      - 标准方程
      - 一般方程
        - 三个独立条件确定一个圆
        - 两个方程的互化
    - 直线与圆的位置关系
      - 三种关系
        - 相交
        - 相切→切线方程
        - 相离
      - 判定法
        - 直线与圆的方程联立得解的个数
        - 圆心到直线的距离与半径的比较

知识点及学习要求

知识点	学习要求			
	知识要求		操作要求	
	了解	掌握	会	熟练
第8章直线和圆的方程				
8.1 两点间的距离与线段中点的坐标				
8.1.1 两点间的距离		√		√
8.1.2 线段中点的坐标		√		√
8.2 直线的方程				
8.2.1 直线的倾斜角与斜率		√	√	
8.2.2 直线的点斜式方程与斜截式方程		√		√
8.2.3 直线的一般式方程		√	√	
8.3 两条直线的位置关系		√	√	
8.3.1 两条直线平行		√	√	
8.3.2 两条直线相交		√	√	
8.3.3 点到直线的距离	√		√	
8.4 圆				
8.4.1 圆的标准方程		√	√	
8.4.2 圆的一般方程		√	√	
8.4.3 确定圆的条件		√	√	
8.4.4 直线与圆的位置关系	√		√	
8.4.5 直线方程与圆的方程应用举例	√			

8.1 两点间的距离与线段中点的坐标

8.1.1 两点间的距离

★选择题1.（3分，难度系数0.75）

点A（1，-2）与B（2，-1）间的距离为【　　】.

A. 2　　B. $\sqrt{2}$　　C. $3\sqrt{2}$　　D. $2\sqrt{5}$

★填空题1.（2分，难度系数0.9）

点P（0，3）与Q（-4，0）间的距离为________.

解答题1.（6分，难度系数0.6）

点A（a，1）、B（2，5）之间的距离是5，求实数a的值.

8.1.2　线段中点的坐标

★**选择题 1.**（3 分，难度系数 0.9）

若点 P_1（-1，-4）与 P_2（3，-2），则线段 P_1P_2 的中点坐标是【　　】.

A.（-5，-6）　　B.（7，0）　　C.（1，-3）　　D. $\left(-\frac{1}{2}, -\frac{3}{2}\right)$

填空题 1.（2 分，难度系数 0.75）

若点 A（2，-1）及线段 AB 的中点 C（1，3），则线段端点 B 的坐标为________.

解答题 1.（6 分，难度系数 0.6）

若点 A（-3，6）与点 B 关于点 P（2，-1）对称，求点 B 的坐标.

8.2　直线的方程

8.2.1　直线的倾斜角与斜率

★**选择题 1.**（3 分，难度系数 0.9）

直线的倾斜角 a 的取值范围是【　　】.

A. $(0, \pi)$　　B. $[0, \pi)$　　C. $[0, \pi]$　　D. $[0, 2\pi)$

★**选择题 2.**（3 分，难度系数 0.9）

若直线 l 的倾斜角为 45°，则直线 l 的斜率为【　　】.

A. $\frac{\sqrt{3}}{3}$　　B. 1　　C. $-\sqrt{3}$　　D. -1

★**选择题 3.**（3 分，难度系数 0.9）

若直线 l 经过点 A（1，2）与 B（3，5），则直线 l 的斜率为【　　】.

A. $\frac{4}{7}$　　B. $\frac{7}{4}$　　C. $\frac{2}{3}$　　D. $\frac{3}{2}$

选择题 4.（3 分，难度系数 0.75）

若过点 A（4，y）与 B（-5，3）的直线的斜率为 -1，则实数 $y=$【　　】.

A. 6　　B. -6　　C. 5　　D. -5

★**填空题 1.**（2 分，难度系数 0.75）

若直线 l 的斜率不存在，则直线 l 的倾斜角为________.

填空题 2.（2 分，难度系数 0.75）

若过点 P（-2，m）和 Q（m，4）的直线的斜率等于 1，则实数 $m=$________.

8.2.2 直线的点斜式方程与斜截式方程

★选择题 1.（3 分，难度系数 0.9）

过点 A（2，-1）且斜率为 3 的直线的方程为【　　】.

A. $y-2=3(x+1)$　　B. $x-2=3(y+1)$

C. $y-1=3(x+2)$　　D. $y+1=3(x-2)$

★选择题 2.（3 分，难度系数 0.75）

若直线过点 A（-5，6）与 B（-4，8），则这条直线的方程为【　　】.

A. $2x+y-16=0$　　B. $2x-y+16=0$

C. $2x+y+16=0$　　D. $2x-y-16=0$

★选择题 3.（3 分，难度系数 0.9）

直线 $2x-3y+1=0$ 在 x 轴上的截距为【　　】.

A. -2　　B. 3　　C. $-\frac{1}{2}$　　D. $\frac{1}{3}$

★选择题 4.（3 分，难度系数 0.9）

直线 $3x-y+1=0$ 在 y 轴上的截距为【　　】.

A. 3　　B. -1　　C. $-\frac{1}{3}$　　D. 1

★选择题 5.（3 分，难度系数 0.9）

若直线的斜率 $k=-2$，且在 y 轴上的截距为 3，则这条直线的斜截式方程为【　　】.

A. $x=-2y+3$　　B. $x=3y-2$　　C. $y=-2x+3$　　D. $y=3x-2$

★选择题 6.（3 分，难度系数 0.75）

若直线的倾斜角为 45°，且过点 P（0，-2），则这条直线的斜截式方程为【　　】.

A. $y=x+2$　　B. $y=x-2$　　C. $x-y+2=0$　　D. $x-y-2=0$

★填空题 1.（2 分，难度系数 0.75）

过点（-4，2）且倾斜角为 45°的直线的方程为________.

★填空题 2.（2 分，难度系数 0.9）

直线 $y=\frac{2}{3}x-4$ 在 y 轴上的截距为________.

填空题 3. （2 分，难度系数 0.75）

在 y 轴上的截距为 -6，且倾斜角为 $45°$的直线的方程为________.

解答题 1. （6 分，难度系数 0.6）

若直线 l 的倾斜角比直线 $y=\frac{\sqrt{3}}{3}x-1$ 的倾斜角大 $30°$，且直线 l 经过点 A （0，1），求直线 l 的斜截式方程.

解答题 2. （6 分，难度系数 0.6）

若直线 l 在 x 轴上的截距为 2，在 y 轴上的截距为 -2，求直线 l 的方程.

8.2.3　直线的一般式方程

★选择题 1. （3 分，难度系数 0.75）

过点 P（-1，2）且倾斜角为 $45°$的直线的一般式方程为【　　】.

A. $y-2=45°(x+1)$　　B. $y-2=x+1$

C. $y+x-3=0$　　D. $x-y+3=0$

★选择题 2. （3 分，难度系数 0.75）

若直线 $3x+2y+6=0$ 的斜率为 k，且在 y 轴上的截距为 b，则【　　】.

A. $k=-\frac{3}{2}$，$b=3$　　B. $k=-\frac{2}{3}$，$b=2$

C. $k=-\frac{3}{2}$，$b=-3$　　D. $k=-\frac{2}{3}$，$b=-3$

★**填空题1.**（2分，难度系数0.9）

直线 $y+3=-2(x-1)$ 的一般式方程为________．

★**解答题1.**（6分，难度系数0.9）

若直线 l 的斜率为 $-\sqrt{3}$，且在 y 轴上的截距为1，求直线 l 的一般式方程．

解答题2.（6分，难度系数0.75）

已知点 $A(2,\ -1)$ 与 $B(-2,\ 3)$，若直线 l 过线段 AB 的中点，且斜率为2，求直线 l 的方程．

8.3　两条直线的位置关系

8.3.1　两条直线平行

★**选择题1.**（3分，难度系数0.9）

直线 l_1：$y=3x-2$ 与 l_2：$y=-2x+3$ 的位置关系是【　　】．

A. 相交　　B. 平行　　C. 重合　　D. 以上均不对

★**选择题2.**（3分，难度系数0.9）

直线 l_1：$2x-y+1=0$ 与 l_2：$4x-2y+1=0$ 的位置关系是【　　】．

A. 相交　　B. 平行　　C. 重合　　D. 以上均不对

选择题3.（3分，难度系数0.75）

直线 l_1：$x+2y+3=0$ 与 l_2：$y=-\frac{1}{2}x-\frac{3}{2}$的位置关系是【　　】．

A. 相交　　B. 平行　　C. 重合　　D. 以上均不对

★**填空题1.**（2分，难度系数0.75）

若直线 l 与直线 $2x+3y+1=0$ 平行，则直线 l 的斜率 $k=$________．

★**解答题 1.**（6 分，难度系数 0.75）

求过点（2，-1），且与直线 $2x+3y+1=0$ 平行的直线的方程.

8.3.2 两条直线相交

★**选择题 1.**（3 分，难度系数 0.75）

直线 l_1：$y=x-2$ 与 l_2：$y=-x$ 的交点坐标是【　　】.

A.（1，-2）　　B.（-1，-2）　　C.（1，-1）　　D.（-1，-1）

★**选择题 2.**（3 分，难度系数 0.75）

直线 l_1：$x+y-2=0$ 与 l_2：$x-2y-2=0$ 的交点坐标是【　　】.

A.（2，0）　　B.（0，2）　　C.（1，0）　　D.（0，1）

★**选择题 3.**（3 分，难度系数 0.9）

直线 l_1：$y=-3x+1$ 与 l_2：$y=\frac{1}{3}x$ 的位置关系是【　　】.

A. 相交但不垂直　　B. 垂直　　C. 平行　　D. 重合

★**选择题 4.**（3 分，难度系数 0.75）

若直线 l 与直线 $y=\frac{1}{2}x-1$ 垂直，则直线 l 的斜率 $k=$【　　】.

A. $\frac{1}{2}$　　B. $-\frac{1}{2}$　　C. 2　　D. -2

★**填空题 1.**（2 分，难度系数 0.75）

若直线 $2x+y-m=0$ 与 $x+(n-1)y+1=0$ 的交点为（1，-1），则实数 $m=$________，$n=$________.

★**填空题 2.**（2 分，难度系数 0.75）

若直线 l 与直线 $2x+3y+1=0$ 垂直，则直线 l 的斜率 $k=$________.

解答题 1.（6 分，难度系数 0.6）

求经过直线 l_1：$x-y-2=0$ 与 l_2：$x+y=0$ 的交点，且平行于直线 $x+2y-2=0$ 的直线的方程.

★**解答题 2.**（6 分，难度系数 0.75）

求过点（-2，3）且垂直于直线 $x-2y+3=0$ 的直线方程.

解答题 3.（6 分，难度系数 0.6）

求经过直线 l_1：$x-y+1=0$ 与 l_2：$x+y+1=0$ 的交点，且垂直于直线 $x+2y-2=0$ 的直线的方程.

8.3.3 点到直线的距离

★**选择题 1.**（3 分，难度系数 0.75）

点 $P(3, -1)$ 到直线 $3x-4y-8=0$ 的距离为【　　】.

A. -2　　B. -1　　C. 1　　D. 2

选择题 2.（3 分，难度系数 0.6）

点 $P(-2, -2)$ 到直线 $y=-2x+4$ 的距离为【　　】.

A. 5　　B. $\sqrt{5}$　　C. $2\sqrt{5}$　　D. $3\sqrt{5}$

填空题 1.（2 分，难度系数 0.75）

点 $P(-2, 3)$ 到直线 $x+1=0$ 的距离为________.

解答题 1.（6 分，难度系数 0.6）

求两平行直线 $3x+2y-3=0$ 和 $3x+2y+10=0$ 间的距离.

8.4 圆

8.4.1 圆的标准方程

★选择题 1.（3 分，难度系数 0.9）

若圆的圆心为点 $C(2,\ -1)$，且半径为 3 的圆的标准方程是【　　】.

A. $(x+2)^2+(y-1)^2=3$　　B. $(x-2)^2+(y+1)^2=9$

C. $(x+2)^2+(y-1)^2=9$　　D. $(x-2)^2+(y+1)^2=3$

★选择题 2.（3 分，难度系数 0.9）

若圆的圆心为点 $C(-1,\ 0)$，且半径为 1 的圆的标准方程是【　　】.

A. $(x-1)^2+(y-1)^2=1$　　B. $x^2+(y-1)^2=1$

C. $(x+1)^2+(y-1)^2=1$　　D. $(x+1)^2+y^2=1$

★选择题 3.（3 分，难度系数 0.9）

若圆的方程为 $(x+2)^2+y-1)^2=5$，则该圆的圆心坐标和半径分别为【　　】.

A. $(-2,1),\sqrt{5}$　　B. $(-2,1),5$　　C. $(2,-1),\sqrt{5}$　　D. $(2,-1),5$

★选择题 4.（3 分，难度系数 0.9）

若圆的方程为 $x^2+(y+2)^2=4$，则该圆的圆心坐标和半径分别为【　　】.

A. $(-2,\ 0)$，2　　B. $(-2,\ 0)$，4　　C. $(0,\ -2)$，2　　D. $(0,\ -2)$，4

★填空题 1.（2 分，难度系数 0.9）

若圆的圆心为点 $C(3,\ -2)$，且半径为 4 的圆的标准方程是________.

★填空题 2.（2 分，难度系数 0.9）

若圆的圆心为点 $C(0,\ 1)$，且半径为 2 的圆的标准方程是________.

★填空题 3.（2 分，难度系数 0.9）

若圆的方程为 $(x+1)^2+(y-1)^2=4$，则该圆的圆心坐标为________，半径为________.

★填空题 4.（2 分，难度系数 0.9）

若圆的方程为 $x^2+(y-1)^2=4$，则该圆的圆心坐标为________，半径为________.

★解答题 1.（6 分，难度系数 0.75）

求以直线 l_1：$x-y+1=0$ 与 l_2：$x+y+1=0$ 的交点为圆心，以 4 为半径的圆的标准方程.

★**解答题 2.**（6 分，难度系数 0.6）

若点 $A(-4, -5)$ 与 $B(6, -1)$，求以线段 AB 为直径的圆的标准方程．

8.4.2 圆的一般方程

★**选择题 1.**（3 分，难度系数 0.75）

若圆的圆心为点 $C(2, 1)$，且半径为 1，则圆的一般方程是【　　】．

A. $(x-2)^2+(y-1)^2=1$　　B. $x^2+y^2-4x-2y+4=0$

C. $x^2+y^2-4x-2y-4=0$　　D. $x^2+y^2-4x-2y+5=0$

★**选择题 2.**（3 分，难度系数 0.75）

若圆的圆心为点 $C(1, 0)$，且半径为$\sqrt{3}$，则圆的一般方程是【　　】．

A. $x^2+y^2-2x-3=0$　　B. $x^2+y^2-2y-3=0$

C. $x^2+y^2-2x-2=0$　　D. $x^2+y^2-2y-2=0$

★**选择题 3.**（3 分，难度系数 0.6）

若圆的方程是 $x^2+y^2+4x-2y-4=0$，则圆的圆心坐标和半径分别为【　　】．

A. $(-4, 2)$，3　　B. $(-2, 1)$，3　　C. $(-4, 2)$，2　　D. $(-2, 1)$，2

选择题 4.（3 分，难度系数 0.6）

若圆的方程是 $x^2+y^2-2x=4$，则圆的圆心坐标和半径分别为【　　】．

A. $(-2, 1)$，2　　B. $(1, 0)$，2　　C. $(-2, 1)$，$\sqrt{5}$　　D. $(1, 0)$，$\sqrt{5}$

选择题 5.（3 分，难度系数 0.6）

若圆经过三点 $A(\sqrt{3}, 0)$、$B(-\sqrt{3}, 0)$、$C(0, -1)$，则该圆的方程为【　　】．

A. $x^2+y^2-2x-3=0$　　B. $x^2+y^2-2y-3=0$

C. $x^2+y^2-2x+3=0$　　D. $x^2+y^2-2y+3=0$

选择题 6.（3 分，难度系数 0.6）

若圆经过三点 $A(0, \sqrt{3})$、$B(0, -\sqrt{3})$、$C(3, 0)$，则该圆的方程为【　　】．

A. $x^2+y^2-2x-3=0$　　B. $x^2+y^2-2y-3=0$

C. $x^2+y^2-2x+3=0$　　D. $x^2+y^2-2y+3=0$

★**填空题 1.**（2 分，难度系数 0.75）

若圆的圆心为点 C（-1，2），且半径为 2，则圆的一般方程是________．

★**填空题 2.**（2 分，难度系数 0.75）

若圆的圆心为点 C（0，-2），且半径为 1，则圆的一般方程是________．

★**填空题 3.**（2 分，难度系数 0.6）

若圆的方程为 $x^2+y^2-2x-2y-2=0$，则该圆的圆心坐标为________，半径为________．

填空题 4.（2 分，难度系数 0.6）

若圆的方程为 $x^2+y^2-2x=0$，则该圆的圆心坐标为________，半径为________．

填空题 5.（2 分，难度系数 0.6）

若圆经过三点 O（0，0）、A（1，1）、B（2，0），则该圆的方程为________．

填空题 6.（2 分，难度系数 0.6）

若圆经过三点 O（0，0）、A（1，1）、B（0，2），则该圆的方程为________．

★**解答题 1.**（6 分，难度系数 0.6）

求以直线 l_1：$x-y+1=0$ 与 l_2：$x+y-1=0$ 的交点为圆心，以 4 为半径的圆的一般方程.

解答题 2.（6 分，难度系数 0.6）

若圆经过三点 A（1，0）、B（-1，0）、C（0，1），求该圆的方程．

8.4.3 确定圆的条件

★选择题 1. （3 分，难度系数 0.9）

圆心为点 C（1， -2），且半径为 3 的圆的方程是【　　】.

A. $(x+2)^2+(y-1)^2=9$　　B. $(x+2)^2+(y-1)^2=3$

C. $(x-1)^2+(y+2)^2=9$　　D. $(x-1)^2+(y+2)^2=3$

★选择题 2. （3 分，难度系数 0.75）

圆心为点 A（-2，4），且过点 B（1，0）的圆的方程是【　　】.

A. $(x+2)^2+(y-4)^2=5$　　B. $(x+2)^2+(y-4)^2=25$

C. $(x-1)^2+y^2=5$　　D. $(x-1)^2+y^2=25$

选择题 3. （3 分，难度系数 0.6）

圆心在 y 轴上，且过点 A（2，2）与 B（-2，0）的圆的方程是【　　】.

A. $x^2+(y-1)^2=\sqrt{5}$　　B. $x^2+(y-1)^2=5$

C. $(x-1)^2+y^2=\sqrt{5}$　　D. $(x-1)^2+y^2=5$

★填空题 1. （2 分，难度系数 0.75）

圆心为点 C（0，1），且过点 P（4， -2）的圆的方程是________.

★填空题 2. （2 分，难度系数 0.6）

若点 A（4，3）与 B（6， -1），则以线段 AB 为直径的圆的方程是________.

★解答题 1. （6 分，难度系数 0.75）

求圆心为点 C（0， -4），且与 x 轴相切的圆的方程.

解答题 2. （6 分，难度系数 0.6）

若圆以直线 l_1：$x+2y=0$ 与 l_2：$2x-y+5=0$ 的交点为圆心，且过点 P（3， -11），求该圆的方程.

8.4.4　直线与圆的位置关系

★选择题 1.（3 分，难度系数 0.9）

设圆心 C 到直线 l 的距离为 d，圆 C 的半径为 r，若 $d=r$，则直线 l 与圆 C 的位置关系是【　　】.

A. 相交　　B. 相切　　C. 相离　　D. 直线过圆心

★选择题 2.（3 分，难度系数 0.9）

设圆心 C 到直线 l 的距离为 d，圆 C 的半径为 r，若 $d>r$，则直线 l 与圆 C 的位置关系是【　　】.

A. 相交　　B. 相切　　C. 相离　　D. 直线过圆心

★选择题 3.（3 分，难度系数 0.9）

设圆心 C 到直线 l 的距离为 d，圆 C 的半径为 r，若 $d<r$，则直线 l 与圆 C 的位置关系是【　　】.

A. 相交　　B. 相切　　C. 相离　　D. 不确定

★选择题 4.（3 分，难度系数 0.9）

设圆心 C 到直线 l 的距离为 d，圆 C 的半径为 r，若 $d=0$，则直线 l 与圆 C 的位置关系是【　　】.

A. 相交且直线不过圆心　　B. 相切

C. 相离　　D. 相交且直线过圆心

★填空题 1.（2 分，难度系数 0.75）

直线 $x-y-2=0$ 与圆 $x^2+y^2=2$ 的位置关系是________.

填空题 2.（2 分，难度系数 0.75）

若圆 $(x-1)^2+(y-b)^2=9\ (b>0)$ 与 x 轴相切，则实数 $b=$________.

解答题 1.（6 分，难度系数 0.6）

已知直线 $x-y-5=0$ 与圆 $(x-1)^2+(y+2)^2=2$，试确定直线与圆的位置关系.

解答题 2. （6 分，难度系数 0.6）

求以点 C（1，2）为圆心，且与直线 $x-y-1=0$ 相切的圆的方程．

8.4.5　直线方程与圆的方程应用举例

解答题 1. （6 分，难度系数 0.6）

若原点在直线 l 上的射影是 P（-2，1），求直线 l 的方程．（点在直线上的“射影”指的是从这个点出发向直线引垂线，其垂足就称为“射影”．）

解答题 2. （6 分，难度系数 0.6）

光线从点 M（-2，3）射到点 P（1，0），然后被 x 轴反射，求反射光线所在直线的方程．

解答题 3. （6 分，难度系数 0.6）

若过圆 $x^2+y^2+4x-6y-12=0$ 内一点 O（0，0）作圆最长的弦，求该弦所在的直线方程.

第8章直线和圆的方程检测试卷

一、单项选择题（本大题共8小题，每小题3分，共24分.）

（在每小题给出的四个备选项中，只有一项是符合题目要求的，请将其代码填写在题后的括号内．未选、错选或多选均不得分）.

1. 点 A（2，－3）与 B（－1，1）间的距离为【　　】.

A. 3　　B. $\sqrt{5}$　　C. 5　　D. $\sqrt{3}$

2. 已知点 P_1（－1，－4），线段 P_1P_2 的中点坐标是（2，－1），则点 P_2 坐标是【　　】.

A.（5，－2）　　B.（5，2）　　C.（3，3）　　D.（1，－5）

3. 若直线 l 经过点 A（－1，2）与 B（4，－5），则直线 l 的斜率为【　　】.

A. $-\frac{7}{5}$　　B. $\frac{7}{5}$　　C. $\frac{7}{3}$　　D. －1

4. 已知直线 $ax+3y-1=0$ 与直线 $x+(a-2)y-a=0$ 平行，则 a 的值是【　　】.

A. －1或3　　B. －1　　C. 3　　D. －3或1

5. 下列直线中，与直线 $y=3x-1$ 垂直的是【　　】.

A. $3x+y+1=0$　　B. $3x-y-1=0$

C. $x+3y+6=0$　　D. $x-3y-6=0$

6. 两条直线 $4x-3y-4=0$ 与 $8x-6y+1=0$ 之间的距离是【　　】.

A. 5　　B. 1　　C. $\frac{7}{10}$　　D. $\frac{9}{10}$

7. 若圆的方程是 $x^2+y^2+2x-4y-20=0$，则圆的圆心坐标和半径分别为【　　】.

A. $(1,-2)$，$\sqrt{15}$　　B. $(1,-2)$，5　　C. $(-1,2)$，$\sqrt{15}$　　D. $(-1,2)$，5

8. 直线 $x-y-2=0$ 与圆 $x^2+y^2=2$ 的位置关系是【　　】.

A. 相交且直线不过圆心　　B. 相切

C. 相离　　D. 相交且直线过圆心

二、填空题（本大题共8小题，每小题5分，共40分）（把答案填在横线上）

9. 若已知点 P_1（5，－4）与 P_2（1，－2），则线段 P_1P_2 的中点坐标是________.

10. 若直线 l 的倾斜角为60°，则直线 l 的斜率为________.

11. 过点 A（－2，3）且斜率为－1的直线的方程为________.

12. 直线 $6x-5y+1=0$ 在 y 轴上的截距为________.

13. 直线 l_1：$2x-y-3=0$ 与 l_2：$x+y-5=0$ 的交点坐标是________.

14. 圆心为点 C（2，－3），且半径为5的圆的标准方程是________.

15. 若点 A（2，3）与 B（－1，－1），则以线段 AB 为直径的圆的方程是________.

16. 以点 C（1，2）为圆心，且与直线 $x-y-1=0$ 相切的圆的方程为________.

三、解答题（本大题共 3 小题，每小题 12 分，共 36 分）（应写出文字说明、证明过程或演算步骤）

17.（本小题满分 12 分）解答下列问题：

（1）求过点 P（8，-2），且与直线 $x+y+1=0$ 垂直的直线方程；（6 分）

（2）求过直线 $2x-9y+3=0$ 与 $x+9y-12=0$ 的交点，且过点 A（1，1），B（2，0）的圆的方程．（6 分）

18.（本小题满分 12 分）解答下列问题：

设动点 M（x，y）到点 C（-1，2）的距离恒为 3.

（1）判断动点 M 的轨迹所成的图形，并写出其轨迹方程；（6 分）

（2）已知直线 l 过点 A（-3，1）与点 B（1，-2），判断 l 与动点 M 所成图形的位置关系．（6 分）

19.（本小题满分 12 分）解答下列问题：

从点 M（3，-1）射出一条光线，被 x 轴反射后经过点 N（-2，-4）.

（1）求反射点的坐标；（2 分）

（2）求反射光线所在直线的方程；（4 分）

（3）求反射光线所在直线与坐标轴围成的面积．（6 分）

附录

预备知识

1. 数及数的运算

知识点及配套练习

1.1　相反数、绝对值、分数的运算

★选择题 1.（3 分，难度系数 0.9）

如图所示，表示互为相反数的点是【　　】.

A. 点 A 和点 D　　B. 点 B 和点 C　　C. 点 A 和点 C　　D. 点 B 和点 D

★选择题 2.（3 分，难度系数 0.75）

下列说法正确的是【　　】.

A. 符号不同的两个数互为相反数

B. 一个数的相反数一定是负数

C. 一个数前面添上“ - ”号即为原数的相反数

D. 数轴上原点两侧的两个点表示的数是相反数

★选择题 3.（3 分，难度系数 0.9）

某个数在数轴上的对应点与它的相反数在数轴上的对应点的距离为 1 个单位长度，则这个数是【　　】.

A. $\frac{1}{8}$或 $-\frac{1}{8}$　　B. $\frac{1}{4}$或 $-\frac{1}{4}$　　C. $\frac{1}{2}$或 $-\frac{1}{2}$　　D. 1 或 -1

★**选择题 4.**（3 分，难度系数 0.75）

数轴上 A 点表示 +7，B、C 两点表示的数互为相反数，且 C 点与 A 点的距离是 2 个单位长度，则 B 点所表示的数为【　　】.

A. ±5　　B. ±9　　C. 5 或 −9　　D. −5 或 −9

★**选择题 5.**（3 分，难度系数 0.9）

若 $2x$ 与 $2-x$ 互为相反数，则 x 等于【　　】.

A. 0　　B. −2　　C. $\frac{2}{3}$　　D. $\frac{1}{2}$

★**选择题 6.**（3 分，难度系数 0.9）

下列各数互为倒数的是【　　】.

A. 0.12 和 8　　B. 5 和 −5　　C. 1 和 1　　D. $-3\frac{1}{2}$和 $+\frac{2}{7}$

★**选择题 7.**（3 分，难度系数 0.9）

若 a 与$\frac{8}{b}$（$b\neq0$）互为相反数，那么 a 的倒数是【　　】.

A. $-8b$　　B. $-\frac{b}{8}$　　C. $\frac{b}{8}$　　D. $8b$

★**选择题 8.**（3 分，难度系数 0.75）

如图，数轴的单位长度为 1，如果点 A、C 表示的数的绝对值相等，则点 B 表示的数是【　　】.

A. 1　　B. 0　　C. −1　　D. −2

★**选择题 9.**（3 分，难度系数 0.9）

若 $|a|>-a$，则 a 的取值范围是【　　】.

A. $a>0$　　B. $a\geqslant0$　　C. $a<0$　　D. 自然数

★**选择题 10.**（3 分，难度系数 0.9）

若 $|a|=8$，$|b|=5$，$a+b>0$，那么 $a-b$ 的值是【　　】.

A. 3 或 13　　B. 13 或 −13　　C. 3 或 −3　　D. −3 或 13

★**选择题 11.**（3 分，难度系数 0.9）

若 $|m-1|=5$，则 m 的值为【　　】.

A. 6　　B. −4　　C. 6 或 −4　　D. −6 或 4

★**选择题 12.** (3 分，难度系数 0.9)

8 米的$\frac{1}{9}$【　　】9 米的$\frac{1}{8}$.

A. 大于　　B. 等于　　C. 小于　　D. 不小于

★**选择题 13.** (3 分，难度系数 0.9)

下面各题计算正确的是【　　】.

A. $\frac{5}{7}+\frac{5}{8}+\frac{2}{15}=\frac{12}{30}=\frac{2}{5}$　　B. $\frac{20}{21}-\frac{10}{11}=\frac{10}{10}=1$

C. $\frac{15}{21}-\frac{10}{21}-\frac{5}{21}=0$　　D. $\frac{4}{5}-\frac{1}{3}=\frac{3}{2}$

★**填空题 1.** (2 分，难度系数 0.9)

$\frac{2}{3}$的相反数是________.

★**填空题 2.** (2 分，难度系数 0.75)

如果 $a+b=0$，那么 a 与 b 之间的关系是________.

★**填空题 3.** (2 分，难度系数 0.9)

$a-1$ 的相反数是 6，则 a 的值是________.

★**填空题 4.** (2 分，难度系数 0.9)

-4 的倒数的相反数是________.

★**填空题 5.** (2 分，难度系数 0.9)

如果 $a>3$，则 $|a-3|=$________. $|3-a|=$________.

★**填空题 6.** (2 分，难度系数 0.9)

绝对值小于 2 的整数有________.

★**填空题 7.** (2 分，难度系数 0.9)

若 $|x-2|=7$，则 $x=$________.

★**填空题 8.** (2 分，难度系数 0.9)

已知 $|x+y+3|=0$，则 $|x+y|$ 的值是________.

★**填空题 9.** (2 分，难度系数 0.9)

已知 $|a|=3$，$|b|=5$，且 $a<b$，则 $a+b$ 等于________.

★**填空题 10.**（2 分，难度系数 0.9）

若 $1<a<3$，则 $|3-a|+|1-a|=$________.

★**填空题 11.**（2 分，难度系数 0.9）

$|a-2|+|b-3|+|c-4|=0$，则 $a+2b+3c=$________.

★**填空题 12.**（2 分，难度系数 0.9）

①$\frac{5}{6}+\frac{7}{24}=\frac{(\quad)}{24}+\frac{(\quad)}{24}=\frac{(\quad)}{8}$，②$\frac{(\quad)}{15}-\frac{2}{5}=\frac{(\quad)}{15}-\frac{(\quad)}{(\quad)}=\frac{1}{3}$.

★**填空题 13.**（2 分，难度系数 0.9）

比$\frac{3}{5}$米短$\frac{1}{2}$米的是________米，$\frac{7}{8}$米比________米长$\frac{1}{2}$米.

★**填空题 14.**（2 分，难度系数 0.9）

小李身高$\frac{8}{5}$米，小张比小李高$\frac{1}{20}$米，小王又比小张高$\frac{1}{50}$米，小王的身高是________米，小张的身高是________米.

★**解答题 1.**（6 分，难度系数 0.9）

数轴上 A 点表示 -5，B，C 两点所表示的数互为相反数，且点 B 到点 A 的距离为 4，求点 B 和点 C 对应什么数？

★**解答题 2.**（6 分，难度系数 0.9）

a 的相反数是 $2b+1$，b 的相反数是 3，求 a^2+b^2 的值.

★**解答题 3.**（6 分，难度系数 0.9）

已知 a 和 b 互为相反数，m 和 n 互为倒数，$c=-2$，求 $2a+2b+\frac{mn}{c}$的值.

★**解答题 4.**（6 分，难度系数 0.9）

已知 $a=12$，$b=-3$，$c=-(|b|-3)$，求 $|a|+2|b|+|c|$ 的值．

★**解答题 5.**（6 分，难度系数 0.75）

若 $ab<0$，试化简 $\frac{|a|}{a}+\frac{|b|}{b}+\frac{|ab|}{ab}$.

★**解答题 6.**（6 分，难度系数 0.9）

（1）$(-1\frac{1}{2})\div(-\frac{3}{4})\times 1\frac{1}{3}$　　（2）$(-\frac{3}{4})\times(8-1\frac{1}{3}-\frac{1}{25})$

1.2　平方根及立方根

★**选择题 1.**（3 分，难度系数 0.9）

若 $x-5$ 能开偶次方，则 x 的取值范围是【　　】.

A. $x\geqslant 0$　　B. $x>5$　　C. $x\geqslant 5$　　D. $x\leqslant 5$

★**选择题 2.**（3 分，难度系数 0.9）

如果一个实数的平方根与它的立方根相等，则这个数是【　　】.

A. 0　　B. 正整数　　C. 0 和 1　　D. 1

★**选择题 3.**（3 分，难度系数 0.75）

下列说法错误的是【　　】.

A. a^2 与 $(-a)^2$ 相等　　B. $\sqrt{a^2}$ 与 $\sqrt{(-a)^2}$

C. $\sqrt[3]{a}$ 与 $\sqrt[3]{-a}$ 是互为相反数　　D. $|a|$ 与 $|-a|$ 互为相反数

★**选择题 4.**（3 分，难度系数 0.9）

若 $(3x+2)^3-1=\frac{61}{64}$，则 x 等于【　　】.

A. $\frac{1}{2}$　　B. $\frac{1}{4}$　　C. $-\frac{1}{4}$　　D. $-\frac{9}{4}$

★**填空题 1.** （2 分，难度系数 0.9）

0 的算术平方根是________，$-\sqrt{5}$是的一个平方根________.

★**填空题 2.** （2 分，难度系数 0.9）

121 的算术平方根是________，$\sqrt{\frac{16}{81}}$的算术平方根是________.

★**填空题 3.** （2 分，难度系数 0.9）

已知一个正数的平方根是 $3x-2$ 和 $5x+6$，则这个数是________.

★**填空题 4.** （2 分，难度系数 0.6）

$\sqrt{64}$的平方根是________，立方根是________.

★**填空题 5.** （2 分，难度系数 0.9）

若 $x^2=64$，则$\sqrt[3]{x}=$________.

★**填空题 6.** （2 分，难度系数 0.6）

$\frac{1}{3}\sqrt{\frac{25}{9}}+\frac{8}{3}\sqrt{\frac{27}{16}}-\sqrt{12}+\sqrt[3]{8}=$________.

★**解答题 1.** （6 分，难度系数 0.9）

计算：

（1）$|2-\sqrt{5}|-|\sqrt{5}-1|$

（2）$|\sqrt{10}-3|+|\sqrt{10}-4|$

（3）$\sqrt{(-4)^2}-\sqrt{3^2}+\sqrt{8^2+6^2}-\sqrt{13^2-5^2}$

★**解答题 2.** （6 分，难度系数 0.9）

若 $\sqrt{x-4}+\sqrt{x+y-5}=0$，求 xy 的值.

★**解答题 3.**（6 分，难度系数 0.75）

设 a、b 是有理数，且满足 $a+b\sqrt{2}=(1-\sqrt{2})^2$，求 a^b 的值．

1.3　整数指数幂

★**选择题 1.**（3 分，难度系数 0.9）

下列计算正确的是【　　】．

A. $(-2)^0=-1$　　B. $-2^3=-8$

C. $-2-(-3)=-5$　　D. $3^{-2}=-9$

★**选择题 2.**（3 分，难度系数 0.9）

下列计算正确的是【　　】．

A. $(a^2)^3=a^5$　　B. $(a^{-2})^{-3}=a^{-5}$

C. $(-\frac{1}{3})^{-1}+(-3.14+\pi)^0=-2$　　D. $a+a^{-2}=a^{-1}$

★**选择题 3.**（3 分，难度系数 0.9）

下面计算不正确的是【　　】．

A. $a^{10}\div a^9=a$　　B. $b^{-6}\cdot b^4=\frac{1}{b^2}$

C. $(-bc)^4\div(-bc)^2=-b^2c^2$　　D. $b^5+b^5=2b^5$

★**填空题 1.**（3 分，难度系数 0.9）

$3^2=$________；　$3^0=$________；　$3^{-2}=$________；

$(-3)^2=$________；　$(-3)^0=$________；　$(-3)^{-2}=$________．

★**填空题 2.**（2 分，难度系数 0.9）

$a\cdot a^5=$________；$a^0\cdot a^{-3}=$________；$a^{-1}\cdot a^{-2}=$________；$a^m\cdot a^n=$________；

★**填空题 3.**（2 分，难度系数 0.9）

$a\div a^4=$________；$a^0\div a^{-2}=$________；$a^{-1}\div a^{-3}=$________；$a^m\div a^n=$________；

★**填空题 4.**（2 分，难度系数 0.9）

$(a^{-1})^2=$________ $(a\neq0)$；$(a^{-2}b)^{-2}=$________ $(ab\neq0)$；$(\frac{a}{b})^{-1}=$________ $(ab\neq0)$.

★**解答题 1.**（12 分，难度系数 0.75）

计算（写计算过程）：

（1）$(\sqrt{3}-1)^0+2^2+\left(-\frac{1}{2}\right)^{-1}$

（2）$(-1)^2+\left(\frac{1}{2}\right)^{-4}-5\div(2015-\pi)^0$

★**解答题 2.**（12 分，难度系数 0.6）

计算（写计算过程）：

（1）$(\frac{b}{a})^{-2}\cdot(\frac{a}{b})^2$；

（2）$(\frac{x}{y})^2\cdot(xy)^{-2}\div(x^{-1}y)$.

2. 代数式及其运算

知识点及配套练习

2.1 代数式、整式的运算、因式分解

★**选择题 1.**（3 分，难度系数 0.9）

下列各式不是单项式的是【　　】.

A. $4x^2$　　B. a　　C. -1　　D. $5m-1$

★**选择题 2.**（3 分，难度系数 0.9）

一个整式减去 a^2-b^2 等于 a^2+b^2，则这个整式为【　　】.

A. $2b^2$　　B. $2a^2$　　C. $-2b^2$　　D. $-2a^2$

★**选择题 3.**（3 分，难度系数 0.75）

下列多项式中是完全平方式的是【　　】.

A. x^2+4x+1　　B. x^2-2y^2+1

C. $x^2y^2+2xy+y^2$　　D. $9a^2-12a+4$

★**选择题 4.**（3 分，难度系数 0.9）

若 $(2a+3b)^2=(2a-3b)^2+(\quad)$ 成立，则括号内的式子是【　　】.

A. $6ab$　　B. $24ab$　　C. $12ab$　　D. $18ab$

★**选择题 5.**（3 分，难度系数 0.9）

计算：$(3a-2b)(-3a-2b)=$【　　】.

A. $9a^2-6ab-b^2$　　B. $b^2-6ab-9a^2$

C. $9a^2-4b^2$　　D. $4b^2-9a^2$

★**选择题 6.**（3 分，难度系数 0.75）

下列算式能用平方差公式计算的是【　　】.

A. $(2a+b)(2b-a)$　　B. $(\frac{1}{2}x+1)(-\frac{1}{2}x-1)$

C. $(3x-y)(-3x+y)$　　D. $(-m-n)(-m+n)$

★**选择题 7.**（3 分，难度系数 0.6）

下列计算错误的是【　　】.

①$(2x+y)^2=4x^2+y^2$，②$(3b-a)^2=9b^2-a^2$，③$(-3b-a)(a-3b)=a^2-9b^2$，

④$(-x-y)^2=x^2-2xy+y^2$，⑤$(x-\frac{1}{2})^2=x^2-2x+\frac{1}{4}$.

A. 5 个　　B. 2 个　　C. 3 个　　D. 4 个

★**选择题 8.**（3 分，难度系数 0.75）

已知 $(19x-31)(13x-17)-(13x-17)(11x-23)$ 可因式分解成 $(ax+b)(8x+c)$，其中 a、b、c 均为整数，则 $a+b+c=$【　　】.

A. -12　　B. -32　　C. 38　　D. 72

★**选择题 9.**（3 分，难度系数 0.75）

多项式 $m(n-2)-m^2(2-n)$ 分解因式等于【　　】.

A. $(n-2)(m+m^2)$　　B. $(n-2)(m-m^2)$

C. $m(n-2)(m+1)$　　D. $m(n-2)(m-1)$

★**选择题 10.**（3 分，难度系数 0.75）

把 $x^2-7x-60$ 分解因式，得【　　】.

A. $(x-10)(x+6)$ B. $(x+5)(x-12)$

C. $(x+3)(x-20)$ D. $(x-5)(x+12)$

★选择题 11.（3 分，难度系数 0.75）

把 $3x^2-2xy-8y^2$ 分解因式，得【 】.

A. $(3x+4)(x-2)$ B. $(3x-4)(x+2)$

C. $(3x+4y)(x-2y)$ D. $(3x-4y)(x+2y)$

★选择题 12.（3 分，难度系数 0.75）

把 $a^2+8ab-33b^2$ 分解因式，得【 】.

A. $(a+11)(a-3)$ B. $(a-11b)(a-3b)$

C. $(a+11b)(a-3b)$ D. $(a-11b)(a+3b)$

★选择题 13.（3 分，难度系数 0.75）

把 x^4-3x^2+2 分解因式，得【 】.

A. $(x^2-2)(x^2-1)$ B. $(x^2-2)(x+1)(x-1)$

C. $(x^2+2)(x^2+1)$ D. $(x^2+2)(x+1)(x-1)$

★填空题 1.（2 分，难度系数 0.9）

因式分解：

$2ax-10ay+5by-bx=2a(\quad)-b(\quad)=(\quad)(\quad)$

★填空题 2.（2 分，难度系数 0.9）

因式分解：$a^2-bc+ab-ac=(a^2+ab)-(\quad)=(\quad)(\quad)$

★填空题 3.（2 分，难度系数 0.9）

因式分解：$m^2-mn+mx-nx=$________.

★填空题 4.（2 分，难度系数 0.75）

因式分解：$x^2+3x-10=(x\quad)(x\quad)$

★填空题 5.（2 分，难度系数 0.75）

若 $m^2-3m+2=(m+a)(m+b)$，则 $a=$________，$b=$________.

★填空题 6.（2 分，难度系数 0.75）

已知 $x^2+3x+2=0$，求 $2x^3+6x^2-4x=$________.

★填空题 7.（2 分，难度系数 0.9）

因式分解：$9x^2-6x+1=$________.

★填空题 8.（2 分，难度系数 0.75）

因式分解：$(m+n)^2-6(m+n)+9=$________.

★填空题 9.（2 分，难度系数 0.75）

因式分解：$2mx^2-4mx+2m=$________.

★填空题 10.（2 分，难度系数 0.75）

把 $a^3+ab^2-2a^2b$ 分解因式的结果是________.

★填空题 11.（2 分，难度系数 0.75）

若 $x+\frac{1}{x}=3$，则 $x^2+x^{-2}=$________.

★解答题 1.（6 分，难度系数 0.9）

已知 $a+b=3$，$ab=-4$，求 a^2+b^2.

★解答题 2.（6 分，难度系数 0.6）

已知 $x^2-5x=14$，求 $(x-1)(2x-1)-(x+1)^2+1$ 的值.

★解答题 3.（6 分，难度系数 0.75）

先化简，再求值：$(3x+2)(3x-2)-5x(x-1)-(2x-1)^2$，其中 $x=-\frac{1}{3}$.

★**解答题 4.**（12 分，难度系数 0.75）

计算：$\frac{2x-6}{x-2} \div \left(\frac{5}{x-2} - x - 2\right)$.

★**解答题 5.**（12 分，难度系数 0.6）

若 $a < b$，$x < y$，试比较 $ax + by$ 与 $bx + ay$ 的大小.

★**解答题 6.**（12 分，难度系数 0.6）

请用"十字相乘法"分解下列式子：

（1）$x^2 - 2x - 120$　（2）$x^2 + 3x - 18$　（3）$x^2 - 3x - 4$　（4）$x^2 + 2x - 35$

（5）$x^2 - 2x - 3$　（6）$x^2 + 5x - 24$　（7）$x^2 - 3x - 54$　（8）$x^2 - 8x + 7$

（9）$x^2 + 4x - 12$　（10）$x^2 - x - 12$　（11）$6x^2 - 5x - 1$　（12）$6x^2 + 5x + 1$

(13) $6x^2-7x+1$　(14) $20x^2+9x+1$　(15) $20x^2+x-1$　(16) $4x^2-4x+1$

(17) $2x^2-x-1$　(18) $2x^2-3x+1$　(19) $6x^2-x-1$　(20) $9x^2+6x+1$

2.2　分式

★选择题 1. (3 分，难度系数 0.9)

下列等式中不成立的是【　　】.

A. $\frac{x^2-y^2}{x-y}=x-y$　B. $\frac{x^2-2xy+y^2}{x-y}=x-y$

C. $\frac{xy}{x^2-xy}=\frac{y}{x-y}$　D. $\frac{y}{x}-\frac{x}{y}=\frac{y^2-x^2}{xy}$

★选择题 2. (3 分，难度系数 0.9)

下列分式$\frac{x^2-1}{x^2+x}$，$\frac{x+y}{x^2-y^2}$，$\frac{-x-1}{x+1}$，$\frac{x^2+y^2}{x^2-y^2}$，最简分式有【　　】个.

A. 4　B. 3　C. 2　D. 1

★选择题 3. (3 分，难度系数 0.75)

若 $x=\sqrt{3}$时，代数式$\left(\frac{x}{x-1}-\frac{x}{x+1}\right)\div\frac{2x}{1-x}$的值是【　　】.

A. $\frac{\sqrt{3}-1}{2}$　B. $\frac{1-\sqrt{3}}{2}$　C. $\frac{3-\sqrt{3}}{2}$　D. $\frac{\sqrt{3}+3}{2}$

★**选择题 4.**（3 分，难度系数 0.9）

当 x 为任意实数时，下列分式一定有意义的是【　　】.

A. $\frac{1}{x^2-2}$　　B. $\frac{2}{x^2+1}$　　C. $\frac{2}{x^2}$　　D. $\frac{1}{x+2}$

★**选择题 5.**（3 分，难度系数 0.75）

能使分式$\frac{x^2-x}{x^2-1}$值为零的 x 值是【　　】.

A. $x=0$　　B. $x=1$　　C. $x=0$ 或 $x=1$　　D. $x=0$ 或 $x=\pm1$

★**填空题 1.**（2 分，难度系数 0.9）

当 $x=$________时，分式$\frac{x-2}{3x+8}$无意义；若分式$\frac{x-1}{x-2}$有意义，则 x 应满足________.

★**填空题 2.**（2 分，难度系数 0.75）

计算$\frac{x-2}{x^2}\div\left(1-\frac{2}{x}\right)$的结果为________.

★**填空题 3.**（2 分，难度系数 0.75）

化简$\frac{a^2-b^2}{ab}-\frac{ab-b^2}{ab-a^2}$的结果是________.

★**填空题 4.**（2 分，难度系数 0.75）

若分式$\frac{xy}{x-y}$中 x、y 都扩大 3 倍，则分式值________.

若$\frac{x+3y}{2x}$中 x、y 都缩小 12 倍，则分式值________.

★**填空题 5.**（2 分，难度系数 0.75）

当 $m=$________时，分式$\frac{(m-1)(m-3)}{m^2-3m+2}$的值为 0；当 $m=$________时，分式无意义.

★**填空题 6.**（2 分，难度系数 0.75）

当 $x=$________时，$\frac{3x}{|x|-2}$无意义，当 x、y 满足________时，分式$\frac{x+y}{xy}$的值为零.

★**填空题 7.**（2 分，难度系数 0.6）

当 $x=-1$ 时，$\frac{1+x}{x^2-1}$的值为________；

当 x、y 满足________时，$\frac{2(x+y)}{3(x+y)}$的值为$\frac{2}{3}$.

★**解答题 1.**（6 分，难度系数 0.6）

若 $x+\frac{1}{x}=3$，计算下列各式的值：

（1）$x^2+\frac{1}{x^2}$；　　　　（2）$x^4+\frac{1}{x^4}$；

★**解答题 2.**（6 分，难度系数 0.6）

化简计算：

（1）$\left(\frac{x+2}{x^2-2x}-\frac{x-1}{x^2-4x+4}\right)\div\frac{x-4}{x}$；　　　　（2）$\frac{16-a}{a^2+2a-3}+\frac{a^2+5a+4}{a^2+a-6}\div\frac{a^2-1}{a^2-6a+8}$.

3. 方程与方程组

知识点及配套练习

3.1　一元一次方程

★**选择题 1.**（3 分，难度系数 0.9）

在方程 $3x-y=2$，$x+\frac{1}{x}-2=0$，$\frac{1}{2}x=\frac{1}{2}$，$x^2-2x-3=0$ 中一元一次方程的个数为【　　】.

A. 1 个　　B. 2 个　　C. 3 个　　D. 4 个

★**填空题 1.**（2 分，难度系数 0.75）

如果 $5a^2b^{\frac{1}{3}(2m+1)}$ 与 $-\frac{1}{2}a^2b^{\frac{1}{2}(m+3)}$ 是同类项，则 $m=$________.

★**填空题 2.**（2 分，难度系数 0.75）

若 $|a-1|+(b-3)^2=0$，则方程 $ax-b=2$ 的解为 $x=$________.

★**解答题 1.**（6 分，难度系数 0.75）

解方程：

（1）$4(x+0.5)+x=17$；（2）$\frac{2x+1}{3}-\frac{5x-1}{6}=1$.

3.2 二元一次方程组

★**选择题 1.**（3 分，难度系数 0.9）

下列方程组中，是二元一次方程组的是【　　】.

A. $\begin{cases}x+y=4\\2x+3y=7\end{cases}$　B. $\begin{cases}2a-3b=11\\5b-4c=6\end{cases}$　C. $\begin{cases}x^2=9\\y=2x\end{cases}$　D. $\begin{cases}x+y=8\\x^2-y=4\end{cases}$

★**选择题 2.**（3 分，难度系数 0.9）

方程 $y=1-x$ 与 $3x+2y=5$ 的公共解是【　　】.

A. $\begin{cases}x=3\\y=2\end{cases}$　B. $\begin{cases}x=-3\\y=4\end{cases}$　C. $\begin{cases}x=3\\y=-2\end{cases}$　D. $\begin{cases}x=-3\\y=-2\end{cases}$

★**填空题 1.**（2 分，难度系数 0.75）

已知方程 $2x+3y-4=0$，用含 x 的代数式表示 y 为：$y=$________；

用含 y 的代数式表示 x 为：$x=$________.

★**填空题 2.**（2 分，难度系数 0.75）

已知 $\begin{cases}x=2\\y=-1\end{cases}$ 是方程组 $\begin{cases}mx-y=3\\x-ny=6\end{cases}$ 的解，则 $m=$________，$n=$________.

★**解答题 1.**（6 分，难度系数 0.75）

解方程组 $\begin{cases}4x+3y=7\\2x-y=3\end{cases}$.

★**解答题 2.**（6 分，难度系数 0.6）

二元一次方程组$\begin{cases}4x+3y=7\\kx+(k-1)y=3\end{cases}$的解 x，y 的值相等，求 k.

3.3　一元二次方程

★**选择题 1.**（3 分，难度系数 0.9）

关于 x 的一元二次方程 $(a-1)x^2+x+a^2-1=0$ 的一个根是 0，则 a 的值为【　　】.

A. 1　　B. -1　　C. 1 或 -1　　D. $\frac{1}{2}$

★**选择题 2.**（3 分，难度系数 0.9）

关于 x 的方程：①$ax^2+bx+c=0$；②$x^2-\frac{8}{x}=7$；③$3x^2-4x+5=0$；④$(x+1)^2-x^2=3$ 中，一元二次方程的个数是【　　】.

A. 1　　B. 2　　C. 3　　D. 4

★**选择题 3.**（3 分，难度系数 0.9）

将方程 $x^2-2x-3=0$ 化为 $(x-m)^2=n$ 的形式，指出 m，n 分别是【　　】.

A. 1 和 3　　B. -1 和 3　　C. 1 和 4　　D. -1 和 4

★**填空题 1.**（2 分，难度系数 0.9）

若方程 $(m+2)x^{|m|}+3mx+1=0$ 是关于 x 的一元二次方程，则 $m=$________.

★**解答题 1**（6 分，难度系数 0.75）

解下列各方程：

（1）$3x^2-4x-1=0$　　（2）$x^2+4x-12=0$

★**解答题 2**（6 分，难度系数 0.6）

已知关于 x 的一元二次方程 $x^2+(m+3)x+m+1=0$

（1）求证：无论 m 取何值，原方程总有两个不相等的实数根；

（2）若 x_1，x_2 是原方程的两根，且 $|x_1-x_2|=2\sqrt{2}$，求 m 的值，并求出此时方程的根.

4. 不等式与不等式组

知识点及配套练习

4.1 不等式的性质及一元一次不等式

★**选择题 1.**（5 分，难度系数 0.9）

若 $a>b$，则【　　】.

A. $3a<3b$　　B. $-3a<-3b$　　C. $a+1<b+1$　　D. $-a>-b$

★**选择题 2.**（5 分，难度系数 0.9）

若 $m-n<0$，则 m 与 n 的关系是【　　】.

A. $m>n$　　B. $m<n$　　C. $m\geqslant n$　　D. $m\leqslant n$

★**选择题 3.**（5 分，难度系数 0.75）

在平面直角坐标系中，若点 $P(m-3, m+1)$ 在第二象限，则 m 的取值范围为【　　】.

A. $-1<m<3$　　B. $m>3$　　C. $m<-1$　　D. $m>-1$

★**选择题 4.**（5 分，难度系数 0.6）

已知关于 x 的一元二次方程 $x^2-2x-m=0$ 有两个不相等的实数根，则实数 m 的取值范围是【　　】.

A. $m<0$　　B. $m<-2$　　C. $m\geqslant 0$　　D. $m>-1$

★**选择题 5.**（5 分，难度系数 0.9）

不等式$\frac{2x+1}{3} \leqslant 5$的解是【　　】.

A. $x<7$　　B. $x>7$　　C. $x \leqslant 7$　　D. $x \geqslant 7$

★**填空题 1.**（6 分，难度系数 0.9）

若 $a>b$，则 $-\frac{1}{3}a$ ________ $-\frac{1}{3}b$（填“>”或“<”）.

★**填空题 2.**（6 分，难度系数 0.75）

不等式$\frac{2x+3}{5} \geqslant \frac{x-1}{2}+1$的解为________.

★**填空题 3.**（6 分，难度系数 0.9）

若 $x<y$，则 $x-3$ ________ y（填“>”或“<”）.

★**填空题 4.**（6 分，难度系数 0.9）

不等式 $2(3x-1) \leqslant 4x$ 的解为________.

★**解答题 1.**（12 分，难度系数 0.9）

解不等式：$-2x+3<6$.

★**解答题 2.**（12 分，难度系数 0.75）

解不等式：$\frac{x-1}{2}+1 \geqslant x$.

★**解答题 3.**（12 分，难度系数 0.6）

$\frac{3x+1}{3}-\frac{7x-3}{5}\leqslant 2+\frac{2(x-2)}{15}$.

★**解答题 4.**（12 分，难度系数 0.75）

$\frac{3x+8}{3}\geqslant\frac{4x-3}{2}$.

4.2　一元一次不等式组

★**选择题 1.**（5 分，难度系数 0.75）

解不等式组$\begin{cases}2x+3<5\\x>0\end{cases}$的公共解是【　　】.

A. $0<x<1$　　B. $0\leqslant x<1$　　C. $0<x\leqslant 1$　　D. 无解

★**选择题 2.**（5 分，难度系数 0.75）

在下列不等式组中，公共解为 $2<x<3$ 的是【　　】.

A. $\begin{cases}x>2\\x<3\end{cases}$　　B. $\begin{cases}x<2\\x>3\end{cases}$　　C. $\begin{cases}x<2\\x<3\end{cases}$　　D. $\begin{cases}x>2\\x>3\end{cases}$

★**选择题 3.**（5 分，难度系数 0.75）

把不等式组$\begin{cases}x-3<-1\\5-x<6\end{cases}$的解集表示在数轴上正确的是【　　】.

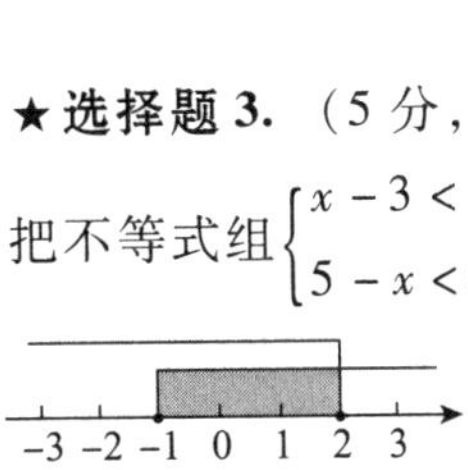

A.

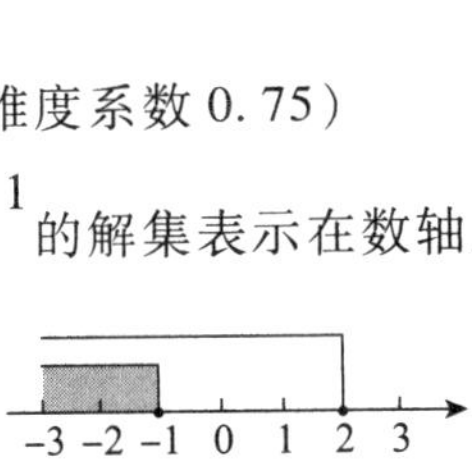

B.

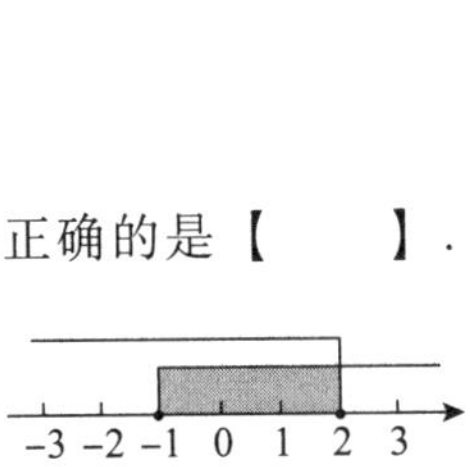

C.

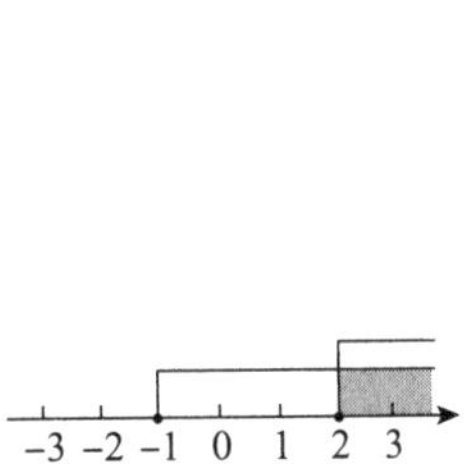

D.

★**选择题 4.** （5 分，难度系数 0.75）

如果不等式组$\begin{cases}x > a\\x < b\end{cases}$无解，那么 a 和 b 的关系是【　　】.

A. $a \leqslant b$　　B. $a < b$　　C. $a > b$　　D. $a \geqslant b$

★**选择题 5.** （5 分，难度系数 0.6）

不等式组$\begin{cases}3x+1>0\\2x<5\end{cases}$的整数解有【　　】.

A. 一个　　B. 两个　　C. 三个　　D. 四个

★**选择题 6.** （5 分，难度系数 0.6）

解不等式组$\begin{cases}3x-1 \leqslant 5\\\dfrac{x+2}{3} < x+2\end{cases}$，结果是【　　】.

A. $-2 < x \leqslant 2$　　B. $-2 \leqslant x \leqslant 2$　　C. $x \leqslant 2$　　D. $x \leqslant -2$

★**填空题 1.** （6 分，难度系数 0.75）

若 y 同时满足 $y+1>0$ 与 $y-2<0$，则 y 的取值范围是________.

★**填空题 2.** （6 分，难度系数 0.75）

不等式组$\begin{cases}x-3 \leqslant 0\\x+1 \geqslant 0\end{cases}$的解是________.

★**填空题 3.** （6 分，难度系数 0.75）

不等式组$\begin{cases}x < m+1\\x > 2m-1\end{cases}$无解，则 m 的取值范围是________.

★**填空题 4.** （6 分，难度系数 0.9）

不等式 $2x < 1-x \leqslant x+5$ 的解是________.

★**解答题 1.** （12 分，难度系数 0.75）

解不等式组：$\dfrac{3x+1}{3}-\dfrac{7x-3}{5} \leqslant 2+\dfrac{2(x-2)}{15}$.

★**解答题 2.**（12 分，难度系数 0.9）

解不等式组：$\begin{cases}3x-1<5\\2x+6>0\end{cases}$

★**解答题 3.**（12 分，难度系数 0.6）

解不等式组：$\begin{cases}x-\dfrac{x-2}{2}\leqslant\dfrac{1+4x}{3}\\1+3x>2(2x-1)\end{cases}$

★**解答题 4.**（12 分，难度系数 0.6）

若$\dfrac{x+1}{3x-2}<0$，求 x 的取值范围．

附录部分检测试卷

一、单项选择题（本大题共 8 小题，每小题 5 分，共 40 分）

（在每小题给出的四个备选项中，只有一项是符合题目要求的，请将其代码填写在题后的括号内，未选、错选或多选均不得分.）

1. $\sqrt{(-2)^2}$等于【　　】.

A. -2　　B. 2　　C. ± 2　　D. 无意义

2. 计算$\frac{36}{25}$的平方根等于【　　】.

A. $-\frac{6}{5}$　　B. $\pm\frac{6}{5}$　　C. $\pm\frac{5}{6}$　　D. $\frac{6}{5}$

3. 若$|a-2|=2-a$，则【　　】.

A. $a<0$　　B. $a>0$　　C. $a<2$　　D. $a\leqslant 2$

4. 化简 $(3x+2)(3x-2)$ 等于【　　】.

A. $3x^2-4$　　B. $9x^2-4$　　C. $4-9x^2$　　D. 0

5. 计算$\frac{3}{5}-\frac{1}{2}$等于【　　】.

A. $\frac{3}{10}$　　B. $\frac{1}{10}$　　C. $-\frac{1}{10}$　　D. $\frac{1}{3}$

6. 若$\frac{|x|-6}{x^2-5x-6}=0$，则 $x=$【　　】.

A. 6　　B. -6　　C. 0　　D. 1

7. 下列说法正确的是【　　】.

A. $-|a|$一定是负数

B. 只有两个数相等时它们的绝对值才相等

C. 若$|a|=|b|$，则 a 与 b 互为相反数

D. 若一个数小于它的绝对值，则这个数为负数

8. 下列计算正确的是【　　】.

A. $(a^2)^3=a^5$　　B. $(a^{-2})^{-3}=a^{-5}$

C. $\left(-\frac{1}{3}\right)^{-1}+(-\pi+3.14)^0=-2$　　D. $a+a^{-2}=a^{-1}$

二、填空题（本大题共 4 小题，每小题 8 分，共 32 分）（把答案填在横线上）

9. $(\sqrt{5})^2=$________.

10. $\left(\frac{2}{5}\right)^{-2}=$________.

11. $\left(-\frac{2}{3}\right)^{-2}\times 0.25^{-1}\times(2018)^{0}\times\frac{1}{9}=$________.

12. 因式分解 $m^2n^2-10mn+9=$________.

13. 解方程 $3(x-1)=8(x-8)+6$，$x=$________.

14. 不等式 $-3x+8<2x-7$ 的解为________.

15. 要使 $\left(\frac{x^2-4}{x-2}\right)^0$ 有意义，则 x 满足条件________.

16. 若 $x^2+2(m-3)x+16$ 是完全平方式，则 m 的值等于________.

三、解答题（本大题共 3 小题，每小题 12 分，共 36 分）（应写出文字说明、证明过程或演算步骤）

17. （本小题满分 12 分）

（1）因式分解：$5a^2b^2+23ab-10$.

（2）解方程：$3x^2-4x-1=0$.

18. （本小题满分 12 分）

（1）解不等式组$\begin{cases}2x-1>3\\3x-2<7\end{cases}$，并画出解的数轴表示．

（2）18 级某班 3 个小组计划在 10 天内做出 1000 个“千纸鹤”（每天做出的数量相同），作为“教师节”礼物送给数学教师，按原来的完成速度，不能完成任务；如果每个小组每天比原计划多做出 1 个，就能提前完成任务．每个小组原来计划每天做出多少个“千纸鹤”？

19. （本小题满分 12 分）若关于 x 的不等式$\begin{cases}2x-1\geqslant 3\\x<a\end{cases}$有且仅有 3 个整数解，求 a 的取值范围．